知と学びのシリーズ

人はなぜ、同じ間違いをくり返すのか

数学者が教える「間違い」を生かすヒント

数学者
野崎昭弘
Akihiro Nozaki

ブックマン社

はじめに――間違えることは怖くない

「間違えなければ、本当にはわからない」

これは、数学者であり、京都大学教授であった故・山口昌哉先生の言葉です。まさに、「間違い」の本質をついた言葉だと思います。

学問の世界でも日常の生活でも、人から聞いたり本を読んだりしただけで「わかった！」と思ったときには、本当にはわかっていないことが多いのです。本当にはわかっていないから、「これで間違いない！」と思っていても、実際に試してみるとうまくいきません。試験だったら「×」をもらってしまうわけです。

そこで、「しまった、間違えた！」とわかるのですが、問題はその後です。「間違えた、自分はダメなんだ」と思ってそれっきりにしては、本当にわからないままで終わってしまいます。

でも、「どうして間違えたんだろう?」「どこが違っていたのかな?」と一生懸命に考え直せば、その問題への理解は深まっていきます。そして、「なるほど、ここの理解が浅かったんだ」ということが理解できれば、そのときに本当に「わかった」と言えるわけです。とくに、理屈抜きで「AはBなんだ」と誤って覚えていたことは、間違えることによって、じっくりと考える機会を得て、その「理由」まで理解できるようになります。つまり、「間違えたおかげで、よくわかる」のです。

世の中のさまざまなことがらにおいて、間違えることなく、すっと頭に入っていくことは、めったにありません。ですから、間違えることは理解を深めるチャンスなのだと言ってもよいでしょう。

ところが、いわゆる「まじめな人」ほど、間違えると「道徳的な過ち」を犯したような気になるようです。試験で「×」をもらおうものなら、「ああ、なんて自分はダメな人間なんだ」と感じて落ち込んでしまう。落ち込むくらいならまだしも、人によっては「×」をつけられたことを記憶から抹殺してしまって、二度と思い出そうとしないこともあるようです。そうした傾向は、小学校以来、「間違い」を叱る先生や、試験の点数を過度に気にする周囲の大人たちによって、助長されてきたのかもしれません。

そもそも、間違えること自体は、誰にだってあることです。恥ずかしいことはなにもありません。大切なのは、間違えるか間違えないかではありません。間違えることは当然の前提として、それをどうやって生かすかだと思うのです。間違いをきっかけにして、どうやって正解を見つけるかが重要なのではないでしょうか。

もちろん、「×」をつけられるのは、誰だってうれしいことではありません。でも、「間違い」や「×」に弱くて「ただ落ち込むだけ」なのは、人生において損であることはたしかです。**間違いは「本当にわかる」ための大きなチャンス**なのですから。

本書では、試験での間違いから、企業としての間違い、国としての間違いに至るまで、さまざまな「間違い」に着目し、間違えることの意味について考察していきたいと思います。

人はなぜ、同じ間違いをくり返すのか◎目次

第2章 「間違い」の本質を探る
――どんな人が、どんな間違いを犯しやすいか

第3章 「間違えること」の意義
——考える力を養うために

第4章 「間違い」から何を学ぶか
——どうしたら間違いを生かせるか

第1章 人は間違える動物である

「間違える」とはどういうことか

生まれてこのかた、間違いを一度もしなかったという人はいないでしょう。ニュートンやアインシュタインのような大学者でも間違いはあるのです。人間は「間違える動物」だと言ってもいいかもしれません。

では、人間以外の動物はどうでしょうか。

動物でも、「ライオンがシマウマを狙ったけれども捕まえられなかった」というような失敗はします。しかし、これは「間違えた」というよりも、本能に従って行動した結果、うまくいかなかったということでしょう。また、本能的に組み込まれている行動だけをくり返す昆虫では、その本能が環境と合っていない場合、無意味な行動をくり返しますが、これはその昆虫(個体)の「間違い」とは言えないでしょう。

そうしたことを考え合わせると、まずは「間違いとは何か」ということから考える必要があります。

私なりの答えはこうです。

――**「間違い」とは、いくつかの選択肢があって自主的に選べる場合に、そこで「最適でないものを選ぶ」こと**である。

ですから、基本的に1つのことしかできない生物は「間違えない」とも言えそうです。動物と違って、人間は行動に大きな自由度を得た結果、さまざまな選択肢が目の前に示されるようになりました。選択肢が増えた結果、間違いは避けられなくなったとも考えられます。それどころか、ときにはわざわざしなくてもいい行動をして間違えるのが人間というものです。

では、間違いというのは無駄な行為なのでしょうか？　私はそうは思いません。何度も間違えることを通じて、人間はさらにものごとを深く理解することができるようになります。そうやって、人間は進化してきたのだとも言えるでしょう。

そう考えると、間違えることは、ほかの動物にはない人間の特権だとわかります。それを利用しない手はありません。

正しい選択肢を選ばずに失敗したのなら、次回は正しい選択肢を選ぶようにすればよいのです。それができるのが人間です。そのためには、「間違いから何を学ぶか」に非常に大きな意義があるのです。

コンピュータは絶対に間違えないか？

コンピュータはめったに間違えません。たまに間違えることがありますが、ほとんどの場合はコンピュータの「誤動作」ではなく、人間の扱い方の間違いです。人間がコンピュータに与えた指示書（プログラム）に間違いがあれば、それをそのまま実行するのがコンピュータだからです。そのうえ、「人間が行うデータ入力のミス」も珍しくないので、そのために「とんでもない間違い」が引き起こされることもあります。

小切手を手で書くときには、数字を１つ書き間違えることはあっても、けた数を間違えることはめったにないと言われます。ところが、コンピュータへの入力だとそうはいきません。順序を間違えただけで、とんでもない間違いになってしまうのです。有名な例が、ある株を「〇〇円で、１株売る」と入力したつもりで、「〇〇株を、１円で売る」と入力してしまった証券会社の人です。

実は、コンピュータの間違いだと思われているもののほとんどに、こうした人的な要素がからんでいます。しかも、人間の入力ミスであっても、ごまかしてコンピュータのせいにする人がいます。

昔、JRがまだ「国鉄」（日本国有鉄道）だったころ、指定席券が重複して販売されることがよくありました。車掌さんは「すみません、コンピュータの間違いで……」と言い訳をする。へえ、そんなことがあるのかと思ったのですが、専門家の友人に言わせると、「そんなはずはない」と断言します。どちらが正しいのか、知識がなかったのですぐには判断できませんでしたが、ある日、渋谷駅の指定券売り場の奥の壁に「キャンセルの入力ミスに気をつけること」という駅員向けの貼り紙が見えて、「ああそうか」とわかりました。

指定券の重複も、原因の多くは入力ミスにあったのですね。じっさい、ある指定券がキャンセルされ払い戻しをしたとき、その席の番号を間違えて入力してしまうと、すでに売っている席を、もう一度売ってしまうケースが起こります。

現在は「手で入力する」のではなく、「キャンセルされたチケットを、機械的に読み取る」システムになっているでしょうから、そのような間違いは起こらなくなったと思いますが、昔は実際にありました。旅行業者がお得意さんのために「大量にキャンセル入力をして、すぐ申し込むと、確実に取れる」という噂もあったくらいです。

余談ですが、私がもっていた座席指定券がほかの乗客とダブっていたことがありました。

車掌さんに申し出ると、「ほかの空席を探してみます」という返事。「空席がなかったら、どうなるんですか？」と聞いてみましたら、しつこいと思われたのか、「次の駅で降りていただきます」という答えだったので、びっくりしたものでした。

頭がいいから間違えない、わけではない

コンピュータは別として、頭がいい人なら間違えないかといえば、そんなことはありません。

教科書の問題くらいなら、頭が特別いい人でなくても、まじめな人、よく勉強する人ならめったに間違えないでしょう。しかし、社会に出てから出会う問題は、もっとずっと複雑で、運・不運もからんできます。頭の悪い人が大儲けをすることもあれば、頭がいい人でも大損をすることがあります。

「頭がいい」という点ではたぶん折り紙つきの大天才ニュートンでも、１７２０年にイギリスで起こったバブル崩壊（南海泡沫事件）で間違いを犯しました。イギリスがインド経営のためにつくった南海会社は空前の投機ブームのなかで株価がボンボンと跳ね上がり、

最初のころに買って、いいタイミングで手を引いた人は大儲けしたのですが、あるときに大暴落してしまったのです。このように「資本主義社会で、バブルがはじける」のは大昔から何回もあったので、ニュートンもけっきょく大損をして、「星の運動は予測できたが、人間の狂気までは予測できなかった」と嘆いたそうです。

投機や投資は特別だと思われるかもしれませんが、そうではありません。社会に出れば教科書の問題のように、はっきりとした答えが1つだけある問題というのはほとんどありません。5年後にどんな産業が隆盛を極めていて、どの企業が没落しているということすら誰にもわかりません。多かれ少なかれ、社会の出来事はギャンブルの様相を帯びていて、誰も前もって答えがわからないことだらけなのです。

ちなみに、純粋に「運」だけがものをいうタイプのギャンブルの世界でも、「こうすれば儲かる」「ここに賭ければ間違いない」という本がたくさん出ていますが、それはあまり信用しないほうがいいでしょう。私だったら、もし必勝法を発見したら本など書かずに、まず一生お金に困らなくなるまで、稼ぎまくります！

ギャンブルは苦手な私ですが、誘われて何人かのグループで競馬場に行き、見よう見まねで馬券を買ったことがあります。そのとき感動したのは、その中にいた「名人」クラスの人の買い方でした。私などのような素人が、わけもわからず買いまくっているのに、その人は「買わない」のです。「今日はただ見ているだけなのかな」と思っていたら、「ここぞ」というときに1回だけ買って、しっかり儲けておられました。

イタリアの数学者・医師であり、同時に賭博師でもあったジェローラモ・カルダーノ（1501〜1576）は、「賭博に対する最善の姿勢は、参加しないことだ」という意味のことを言ったそうですが、それを思い出しました。

ともかく、素人の「直感勝負」で儲かることは、めったにないでしょう。ベテランでも深みにはまると、ギャンブルで身をもち崩した人は珍しくないのです。私のように鋭いカンも経験もない人間は、「近寄らない」のが賢い対応だ、と言えるでしょう。

「頭がいい」とはどういうことか？

そもそも、「頭がいい人」とはどういう人を言うのでしょうか。

実は、「頭がいい」かどうかを測るのは、とてもむずかしく、ほとんど不可能のようにも思われます。頭（脳）という器官は、理解だけでなく、創造や感性、さらには運動機能をも司っています。そう考えれば、大リーグのイチロー選手や女子サッカーの澤穂希選手は、「とびぬけて頭がいい」と言ってもいいわけです。

ところが、一般的には「頭がいい」かどうかは試験の点数で評価することが多く、運動神経はもちろんのこと、創造力や芸術的感性も無視されてしまうのが現状です。しかも、同じ試験の点数でも、なぜか国語の点数がよい生徒よりも、算数・数学の点数がよい生徒のほうが「頭がいい」という評判を得がちです。

たしかに、入学試験で点数を稼ぐためには、算数・数学はかなり有利です。1科目が100点満点の試験だとして、国語の試験で50点の差がつくことはめったにありませんが、算数・数学なら70点、80点の差がつくことは珍しくありません。そのために算数・数学ができる人は、できない人から見ると、「頭がいい」と見られやすいのでしょう。

実は小学校の低学年のうちは、誰でもみんなたいした差がなく「算数が好きで、できる」のですが、学年が進むにつれてできない子がふえ、中学校でははっきり落ちこぼれてしまう子が出はじめるため、できない子は強烈な劣等感をもつようです。

小説家で工学博士の森博嗣氏の観察によれば、大人になってからも「文系の人たちの理系の人に対する劣等感には、すさまじいものがある」とのこと。そうした劣等感が、逆に「算数ができる＝頭がいい」という誤った説を強めてしまうのではないか、という気もします。

たしかに、問題の前提を受け入れ、そこから「論理的に考えを進める」ことは、算数・数学で「よい点数を取る」ために有利な方針です。また「頭の回転が速い」ことも、数学にかぎりませんが、有利な条件ではあります。

しかし、社会に出てから出会う問題は、学校の教科書にあるような「典型的な問題」ではなく、そもそも「何が問題なのか」を考えなければならない場合も少なくありません。そこで**まず必要とされるのは、「論理的に考えを進める」力よりも、現状の何が問題で、どれが最重要の問題なのかを見極める「判断力」**でしょう。そういう場面で、算数・数学がよくできた人が「力を発揮できる」という保証はなにもありません。

一流大学を出た人や、学校では「頭がいい」とされた人が、会社に入るとまるで役に立たないという話もよく聞きますが、その理由の1つはそのあたりにあるのだと思います。

一方で、昔から「勉強ができなくても、仕事ができる人はいくらでもいる」とよく言われてきました。とくに日本がまだ貧しかったころは、優秀な人でも家庭が貧しくて高校にも行けず、義務教育を終えたらすぐ就職した人も多かったのです。ですから、「小学校時代に算数が全然できなかった男が、社長としてしっかり経営をしている」ということが珍しくありませんでした。

これは「学校で習うことは、まったく役に立たない」と考えるよりは、「能力の高い人は、たとえ試験の点数が低くてもちゃんと仕事ができる」と考えるべきでしょう。

結局、試験で測れるのは、「試験問題で測れる」能力だけなのです。芸術的な感性や創造力などはほとんど測れませんし、実務の能力、特に「判断能力」は正確には測れません。また、数学的な研究能力にしても、試験ではごく一部分しか測ることができないのです。

試験に強い人、弱い人

試験の成績で測ると、世界のなかで日本人は試験に強い部類に入るようです。

小中学生を対象に2011年に実施された「国際数学・理科教育動向調査」(TIMMS)や2012年に実施された「OECD生徒の学習到達度調査」(PISA)では「シンガポールや韓国、台湾に負けた」などと騒がれましたが、それでも上位には違いありません。

しかも、OECD加盟の24の国と地域で行った「国際成人力調査」(PIAAC、発表は2013年)では、日本は「読解力」と「数的思考力」がともに世界で第1位の成績を収めました。

内容を見ると、最高レベル（レベル５）の人の割合では世界第６位なのですが、低いレベルの人（レベル２、レベル１以下）が少なく、また「中卒の人の理解力が、ドイツやアメリカの高卒の人より上」ということから、全体の平均点で第１位となったのです。

もっとも、こうした試験に強いからといって、創造力や研究能力が優れているとは必ずしも言えません。現に、アメリカはこの試験の平均点がずっと低いのですが、大学院や研究者のレベルは高く、ノーベル賞や数学のノーベル賞とも言われるフィールズ賞の受賞者の数では、日本をはるかに上回っています。そう考えると、「こうした試験の点数が、いったい何を測っているのか」ということについては再考する余地があるでしょう。

歴史上にはあまたの天才がいますが、試験に強かったのは数学者フォン・ノイマン（１９０３〜１９５７）で、試験に弱かったのはアインシュタイン（１８７９〜１９５５）と言われています。

二人はアメリカの同じプリンストン高等研究所に勤めていたため、両者を知っている人も少なからずいて、「アインシュタインだって、フォン・ノイマンほど頭はよくなかった」という人も一人や二人ではありません。

■TIMMS2011年上位5カ国・地域の習熟度別割合（算数・数学）

〈小学校4年生〉 (%)

順位	国名	400点未満	400点以上	475点以上	550点以上	625点以上
1	シンガポール	1	5	16	35	43
2	韓国	0	3	17	41	39
3	香港	1	3	16	43	37
4	台湾	1	6	19	40	34
5	日本	1	6	23	40	30

〈中学校2年生〉 (%)

順位	国名	400点未満	400点以上	475点以上	550点以上	625点以上
1	韓国	1	6	16	30	47
2	シンガポール	1	7	14	30	48
3	台湾	4	8	15	24	49
4	香港	3	8	18	37	34
5	日本	3	10	26	34	27

■TIMMS2011年上位5カ国・地域の習熟度別割合（理科）

〈小学校4年生〉 (%)

順位	国名	400点未満	400点以上	475点以上	550点以上	625点以上
1	韓国	1	4	22	44	29
2	シンガポール	3	8	21	35	33
3	フィンランド	1	7	27	45	20
4	日本	1	9	32	44	14
5	ロシア	2	12	34	36	16

〈中学校2年生〉 (%)

順位	国名	400点未満	400点以上	475点以上	550点以上	625点以上
1	シンガポール	4	9	18	29	40
2	台湾	4	11	25	36	24
3	韓国	3	11	29	37	20
4	日本	3	11	29	39	18
5	フィンランド	1	11	35	40	13

（文部科学省 IEA国際数学・理科教育動向調査の2011年調査（TIMMS2011）の結果より）

■PISA2012年調査における平均得点の国際比較

順位	数学的リテラシー	平均得点	読解力	平均得点	科学的リテラシー	平均得点
1	上海	613	上海	570	上海	580
2	シンガポール	573	香港	545	香港	555
3	香港	561	シンガポール	542	シンガポール	551
4	台湾	560	日本	538	日本	547
5	韓国	554	韓国	536	フィンランド	545
6	マカオ	538	フィンランド	524	エストニア	541
7	日本	536	アイルランド	523	韓国	538
8	リヒテンシュタイン	535	台湾	523	ベトナム	528
9	スイス	531	カナダ	523	ポーランド	526
10	オランダ	523	ポーランド	518	カナダ	525

（文部科学省 OECD生徒の学習到達度調査（PISA）2012年調査の結果についてより）

■PIAAC 読解力の習熟度レベル別分布（OECD 平均と日本の比較）

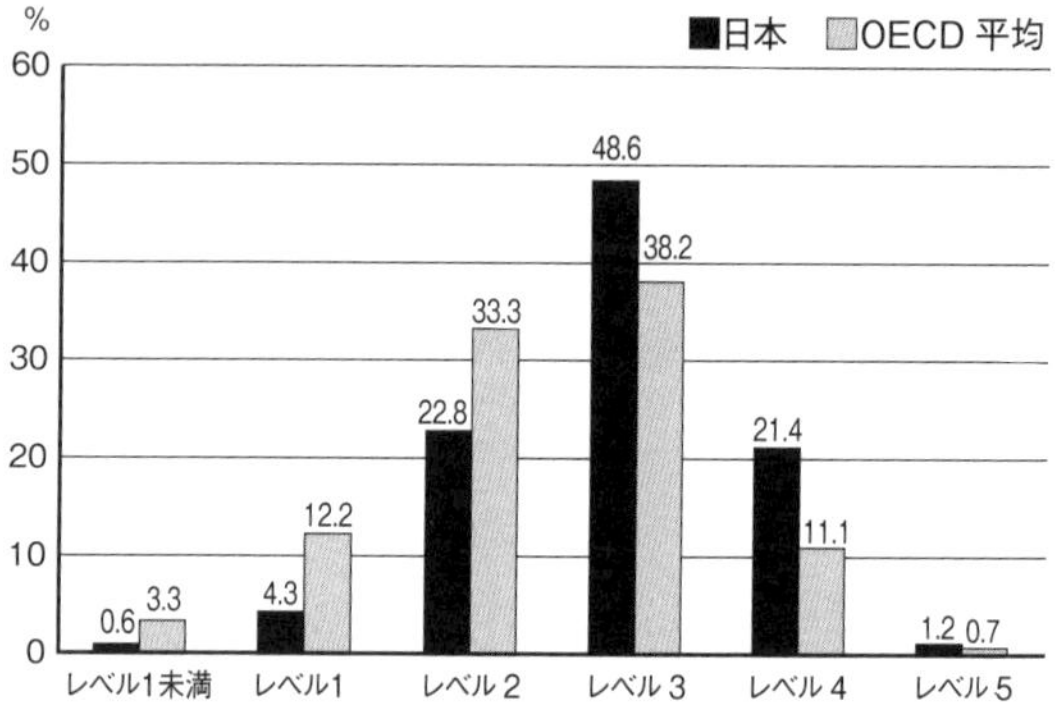

■PIAAC 数的思考力の習熟度レベル別分布（OECD 平均と日本の比較）

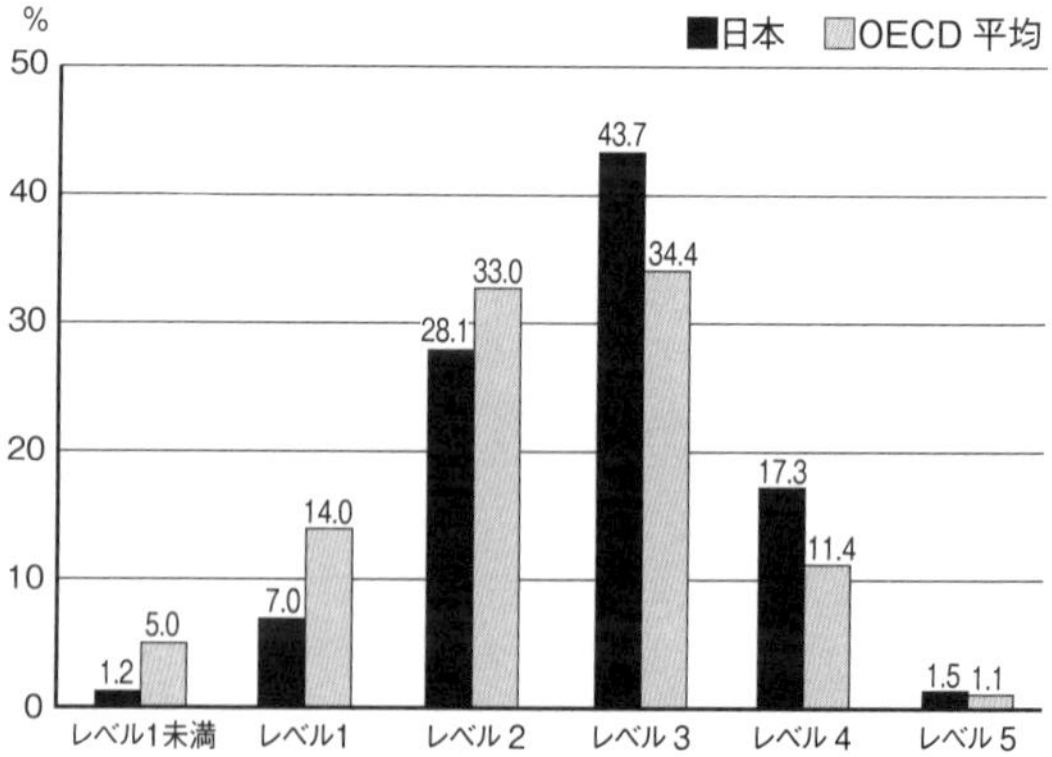

（文部科学省　OECD 国際成人力調査（PIAAC）調査結果の概要より）

ただし、ここで言う「頭がいい」とは、私の推測では「回転が速い」という意味だと思います。「フォン・ノイマンに問題を説明すると、たちどころにそれについての議論を先の先まで展開するので、それについてゆくのは特急列車を自転車で追いかけるようなものだった」という話もあるほどです。

しかし、仕事の独創性やスケールの大きさで言うと、数学の分野で数々の功績を残したノイマンでも、相対性理論を考え出して世の中の宇宙観をすっかり変えてしまったアインシュタインにはかなわないでしょう。

同じ数学の分野で比較すると、「若いころはうすのろだった」と自称するダーフィト・ヒルベルト（1862〜1943）という人物がいます。頭の回転の速さではフォン・ノイマンに及ばなかったと思いますが、「数学全体をよく見渡して、発展の方向を見定める」という力については、ヒルベルトのほうが「けた違いに上だった」という証拠があります。

かなりレベルの高い比較ではありますが、「**試験に強い**」**のは悪いことではないものの、「絶対的に優れている」という証拠にはならない**、ということです。

「4×3」が正解で「3×4」が間違っている？

ここで1つ、「何を間違いとするか」が問題になる例として、最近話題になった「掛け算の問題」を出しましょう。

〈3枚のお皿の上に、4つずつあめをのせました。あめは、全部でいくつありますか。式を書いて答えを出してください〉

もちろん、どなたも簡単に12個という答えが出てくるでしょうが、問題はそれを導き出す式です。これを小学生に教えるときに、「4×3が正解で、3×4は間違いだ」と教える先生がいるのです。

「3×4と4×3は答えが同じなんだから、どちらだっていいじゃないか」という人が多いかもしれません。実際、答えは同じですから、たいていの大人は（数学者たちも）そう考えると思います。しかし「4×3でないといけない」という説にもちゃんと理由があるので、その背景を説明しておきましょう。

まず次の小話をご覧ください。何十年か前の、イギリスの話だそうです。

〈中央から派遣された視学官が、ある教室で、次の問題を解いている子どもたちを見て回った。

「60匹の羊のうち、15匹が死んでしまいました。残りは何匹でしょう？」

驚いたことに、生徒たちの計算はまちまちで、60＋15、60－15、60×15、60÷15が入り乱れていた！〉

そうなのです。加減乗除の計算ができても、「いつ、どの計算をするか」は子どもたちにとってやさしい問題ではなく、間違える子も大勢いるのです。

日本でもある小学校の先生のお話では、割り算を使う文章問題を黒板に書いて、教室を回って子どもたちのようすを見てみると、たいてい何人かが絵を描いたりしながら、「掛けるべきか、割るべきか」を考えているそうです。一人だけすらすら割り算をしている子がいたので感心して、ほめてやるつもりで「どうして割り算をしているの？」と聞いてみたらその子が憤然として、「だって、教科書の割り算のページをやってるんじゃないか！」と答えたそうです。文章問題の意味ではなくて、もっと高いレベルで判断をしていたわけですね。

このようなことがありますから、「何を計算すればよいか」（演算の選択）が正しくできるように、掛け算については「1あたり量」という言葉を使う体系が組み立てられました。たとえば、図1の（ア）と（イ）を比べてみて下さい。（ア）はどのお皿にも4個ずつのあめがのっていますから、これは掛け算で答えが出ますね。しかし（イ）では皿ごとのあめの数がばらばらなので、足し算でしか答えを求められません。（ア）で「1皿ごとに同じ」あめの個数を「1あたり量」といって、これが決まっているとき、

（1あたり量）×（何個分）

によって全体のあめの個数（全体量）が求められる、と教えるのです。たとえば、「1皿ごとに4個」を3皿に配るのなら、

4（個／皿）×3（皿）＝12（個）

という具合です。そのように習って「やっと、加減乗除のどれを使うかが、自分で選べるようになった」という生徒もいますので、これは「なかなかよい教え方だ」と考えられ

(ア)　　(イ)

[図1]数がそろっているお皿とでたらめなお皿

ています。

しかしこれが普及して、「3×4」と書くと機械的に×をつける先生が増えてくると、新聞でも取り上げられたくらい、疑問や反論が噴出しました。問題は「1あたり量」の決め方に自由度があることで、さきほどの「3枚のお皿に、4個ずつのせる」問題でも、3枚のお皿に1個ずつ、3個をのせるのを「1回」として、これを4回くり返すと考えると、

3(個/回)×4(回)=12(個)

という計算もできます。

こういうこともありますので、「1あたり量」で教えた先生が、「3つのお皿に4個ずつ」という問題を4(個/皿)×3(皿)でなく、3×4と計算している答案に出会ったときに、「この子は掛け算がわかっているのか、それともわかっていなくて混乱しているのか」を判断し

なければなりません。

できればその子に理由を聞いてみて、場合によっては「答えは正しいが、減点をする」こともありうるでしょう。ただし、ベテランの先生に尋ねてみたら「機械的な減点はしない」と言っておられました。

1×1でつまずくヨーロッパの子どもたち

もう1つ問題です。1×1はいくつでしょうか？

大の大人にそんなことを聞いたら、「ばかにするな！」と怒られることでしょう。答えは1に決まっています。ところが、ヨーロッパに行くと「1×1＝1」でつまずく子が意外に多いそうです。なぜでしょうか？

私の想像ですが、次のような疑問をもつ子どもが「つまずく」のではないでしょうか。

「1が1つあるなら1に決まっているのに、なんで掛け算をしなくちゃならないの？」

1つの皿に1つのあめがのっていれば、それはわざわざ計算をしなくても全部で1つに決まっています。なにも「1×1」などという「掛け算」をする必要はありません！

日本の小学校の先生に聞いてみると、日本では「1×1」でつまずく子どもになど出会ったことがない、と言われました。それは、掛け算の理屈は抜きにして「インイチがイチ」「イン二が二」(言い方はいろいろ)と、まず丸暗記させてしまうからです。それで、子どもが〝哲学的〟な問題に突き当たることなく、先生は助かっているのかもしれません。

もちろん、1が1つあるだけなら「掛け算なんて誰もしない」のですが、たとえば、「215×314」という計算の途中で、「インイチがイチ」は役に立つのです。ていねいに説明すると長くなってかえってわかりにくくなってしまうので、ごく普通の計算式を掲げておきますから、「太字の1を求めるところで、インイチがイチを使っている」ことに注目してください。

```
      2 1 5
×     3 1 4
-----------
      8 6 0
    2 1 5
  6 4 5
-----------
  6 7 5 1 0
```

（中段の「2 1 5」の「1」が太字）

そういえば、日本でも一度だけ、こんな生徒の話を聞いたことがあります。その生徒の話をまとめるとこういうことでした。

「1+1が2というのはおかしい。1というのは1つのものだから、同じものを足せるのだろうか」と言うのです。何を言っているのかわからないという人もいるでしょう。

彼の考え方は、英語の指示代名詞の「it」に置き換えてみるとわかりやすいかもしれません。同じ文のなかで「it」が2つ出てくる場合、最初に出てくる「it」と次の「it」は、同じものを指すのが普通です。2つの「it」が別のものを指すというのは、まずありえません。「じゃあ、1つのものなんだったら、同じものを足したって1じゃないか」。そういうふうに考えた子がいたというのです（えらい！）。

小学校の先生は、そのあたりをどうやって教えているのかわかりませんが、たいていは本人が身につけるのでしょう。1円＋1円は、「2つの1円玉」と考えればたしかに2円になりますし、りんご1つにもう1つの別のりんごをもってくれば2つになるというように、「同じ1が、別のものを指してもよい」ことに気がつけば、「そうか、じゃあ足して2になると考えるほうが便利だ」と納得できるはずです。

日本人が計算を得意としている理由

かなり前にフランスのテレビ局が、日本の算数・数学教育の状況を取材にきたことがあり、会ってくれないかと頼まれたことがあります。日本にきた理由を聞くと、こんな答えが返ってきました。

「世界中の統計を見ると、加減乗除の計算能力について、アジア人とヨーロッパ人ではっきり差があって、アジア人のほうが上である。これにはいったいどういう理由があるのだろうかと調べにきた」

私もはっきりしたことはわからなかったのですが、「アジア人のほうが先生の言うことをおとなしく聞くのに対して、ヨーロッパ人は個性が強いから丸暗記をしようとは思わない——それが影響しているのではないか」という説を述べてみました。

ヨーロッパ人は計算が間違っていても自分が悪いなどとは思わず、「問題が間違っている、問題がくだらない、俺の人生はこんなところにはない」といったようなことを小学生でも考える生徒がいるそうですが、アジアではほとんどいないでしょう。なんのデータもない、あくまでも個人的な推測でインタビューに答えたのですが、案外当たっているかもしれません。

ヨーロッパと日本とで、どちらがいいとは一概には言えず、一長一短あるでしょう。ともかく傾向としては、「**計算はできるけれども、意味を考えるという点で弱い**」**のが日本**

の子どもたちの特徴かもしれません。でも、問題の意味がわかっていないと、さしあたりの試験は解けて点数はとれても、あとの応用の力が全然違ってしまいますから、やはり注意が必要です。

なぜ点数は大事ではないのか

丸暗記とともに、日本の教育で大問題だと思うのが点数至上主義です。

ちょっと考えてみてください。勉強不足で50点になるのと、解答欄を間違えて50点になるのは、同じことなのでしょうか。それとも違うことなのでしょうか。

受験勉強の世界では、本質的な間違いでも解答欄を間違えたのでも、50点は50点という考え方をします。しかし、そこに受験勉強の落とし穴があると思うのです。**本質的な間違いと、いわゆるケアレスミスとではまったく質が違う**のではないでしょうか。

一発勝負の入学試験（特に選択式）ならば、結果で判断するしかありません（ちなみに、いくつかの大学では、計算用紙も提出させて、「どんな間違いか」をできるかぎり分析しているそうです）。しかし、そうした考え方が、普段の試験でもされるようになっているのが最近の傾向であるように思います。

そこに甘んじていると、間違いの本質に気づかないままスルーしてしまいます。極端なことを言えば、理解不足で点数が悪くても反省することなく、「今回は運が悪かった」となりかねません。

小学校にしても大学にしても、学校で試験をするというのは、もちろん学生の理解度を評価するという目的もありますが、同時に指導という意味もあるのです。つまり、どこを間違えたのかをチェックすることで、しっかりわかってもらおうというわけです。

ですから、全部できている子は問題ないのですが、途中で間違えた子がどこで間違えたのか、単なるケアレスミスなのか、それとも大事なことでとんでもない思い違いをしていたのか、その区別は非常に重要です。指導のいいチャンスですから、解答に対して×をつけたときはもちろん、△だったときにも点数を引く理由を、私は細かく書いてきました。答案を返却されると、昔の学生は私がいろいろ細かく書いた注意を見て、うちで勉強したわけです。

ところが、最近は、「答案用紙を返してください」と言わない大学生が増えてきました。知りたいのは点数だけ。「私は何点でしたか？」「45点でした」「あ、そうですか」で終わって、帰ってしまう人が多いのです。そうなると、教師としては評価はできるけれども、指導はできません。

どうやら、ものごとをわかろうとする習慣が、かなり基本的なところでくずれてしまっているのかもしれません。小学生のときから、点数、点数で鍛えられてしまったために、彼らにとっては点数がすべてなのでしょう。

小学校の先生のなかには、○や△や×はつけるけれども、点数はつけない人がいると聞きました。それも1つのやり方だと思います。これだと、生徒が「何点ですか？」と聞いても、そもそも点数を出していないのだから、答える必要がありません。生徒としても、返された答案用紙に○とか△、×しか書いていないので、点数に一喜一憂することはありません。その分だけ、「なぜ△なんだろう。なぜ×だったの？」と考えることができるはずです。

もっとも、小学校の上級生になると、点数をつけてもらわないと気が済まなくなります。点数がないと子どもは親に言いつけ、その親が教育委員会に言いつけて大騒ぎになったという例もありました。

人間というのは、点数やランク付けに弱いものです。**点数がつけられるとなると、どう**

してもそれに心が奪われて、「わかる」ことがおろそかになってしまいます。それが点数をつけることの弊害でしょう。もともと、点数をつけるのはランク付けという意味ではなく、生徒や学生が自分自身の理解度を測ることにあったはずです。ところが、そのための手段が、いつのまにか目的となってしまい、「わかる」ことの大事さが見えにくくなってしまっているのです。

「答えを知らなければ考える」という習慣がなくなった

点数がすべてになると、せっかくの「わかる」チャンスをみすみす逃すことになってしまいます。本書の冒頭で、「間違えなければ、本当にはわからない」という言葉を紹介しましたが、これでは「間違えても、わからない」になってしまいます。

コンピュータの応用を教えている知人の大学教授から、おもしろいエピソードを聞きました。彼によれば、最近の大学生は「割合」の概念がわかっていないらしく、去年の物価と今年の物価のデータを示して、「値上がり率を出しなさい」という問題を出したら、誰もできなかったと嘆いていました。

もちろんこれはこれで問題なのですが、この話のポイントはそのあとにあります。彼としては、そのままにしておくわけにもいかないので、中学生レベルの基礎から「割合」を教えようとしました。

まず出した問題が、

「去年20万円だった機械が、今年は24万円に値上がりしました。では、値上がり額は?はい、キミ!」

「4万円です」

さすがに、すぐに正解が出ました。小学生レベルですからね。そこで、続けてもう1問。

「じゃあ、次の人。このときの値上がり率は?」

「わかりません!」

間髪を入れずにそういう答えが返ってきたそうです。

友人によれば、とっさに答えられないことより、「わかりません」と即答したほうにビックリしたそうです。私だって驚いたでしょう。

十数年くらい前までの学生ならば、答えられない質問をされたらまず間違いなく、ぐっと詰まって考え込みます。「えっ、なんだろう」と必死になって考えをめぐらせるはずです。

その結果、どうしてもわからないときだけ、最後はあきらめて「わかりません」と答えるのです。だから、わからないときに「即答」など、考えられませんでした。

残念ながら、「答えがわからなければ考える」という私などが当然と思っていた習慣は、すでに消滅しかかっているように思えます。事実、親しい高校の先生に聞いてみると、予備校では「わかりません」と言うとすぐに答えを教えてくれるから、わからなければ考えるという習慣はもうないのだそうです。たしかに、時間がかぎられていれば、教えるほうも教えられるほうも、すぐに答えを示したほうが効率的だと考えるのも無理はありません。

おかげで、「わかる」ということが体験できなくなっているのが現代という時代です。

「わかる」ということが「わからない」

最近では、「わかる」ということ自体がわからない人も多くなっているようです。

こんなことがありました。私が担当した授業で、「アナログとデジタル」についてレポートを書くように、学生に指示をしたことがあります。もちろん、みなそれなりに資料を調べて提出するわけですが、なかにはインターネットの記事をダウンロードして、手も加えずにそのまま提出する学生がいるのです。

あるとき、受け取ったレポートを見ると、むずかしい単語がたくさん並んでいるので、本人を呼び止めて聞いてみました。

「ちょっと、ちょっと、あなた、この単語知ってる？　この言葉の意味、わかりますか？」

すると、ニコニコしながら「いいえ、わかりません」と答えるではないですか！

「あなた、ダウンロードしてプリントアウトしただけじゃダメですよ。読んでわからないことがあったら、辞書で調べて、わかってから出しなさい。それでなきゃ、レポートを出す意味がないですよ」と言うのですが、なかなか理解してもらえないようです。

もちろん、自分の知識だけでレポートを書くのは無理でしょう。それはわかっています。ですから、インターネットの情報をコピーしてきて参考にするのは悪いことではありません。でも、それをレポートとして提出する以上、よく読んで、自分なりに理解してから提出しなければ、「手の運動だけで、まったく勉強にならない」のですが、それがわかってもらえません。

小学校時代から点数ばかりを気にしていたので、「わかった！」「理解できた！」という喜びを経験していないのかもしれません。だから私の出した問題のキーワードを含むサイトが見つかったら、それで「あった！」「嬉しい！」「やった！」と喜んでいるのでしょう。それでも喜びには違いないのでしょうが、かなり低いレベルで満足してしまっているわけです。

この本では、「間違い」について論じようとしているのですが、それ以前に、**「わかる」とか、「理解する」ということが、どういうことなのかということがわかっていない。だから、間違えているということすらも気づかないという現象が起こりつつある**、というのが現状なのです。

間違いに気づかないというと、こんなこともありました。

黒板の字を写すとき、意味を考えずに写生する学生がいたのです。小学生みたいに、マス目のあるノートにていねいに写しているので、「真面目な学生だな、ずいぶんきちんと写しているな」と思ってノートをよく見たら、字が間違っていることに気づきました。

それも、単なる誤字というのではなく、扁と旁（つくり）がずれている。あるところから、たとえば「証明法」の「言＋正、日＋月、氵＋去」が「言、正＋日、月＋氵、去」のように、珍妙な組み合わせで転写されていたのです。私の字が読みにくかったのかもしれませんが、見たこともない字が続いて、変だとは思わなかったのでしょうか。書いてある内容を理解しながら筆記しているわけではもちろんなくて、見たままを「図形として、写生」していたわけです。これには驚きました。

似たような話は、某一流大学の学生さんを教えたときにもありました。さすがに、誤字脱字で日本語として読めないというレベルのレポートは1つもなかったのですが、実におもしろい間違いが出現したのです。

それは、夏休みの宿題で「テンキー式錠前の設計」という課題を出したときのことです。テンキーとは、ボタンが0から9まで10個ある装置のことで、電話のボタンやマンションのオートロックでおなじみでしょう。そのテンキー式錠前についてのレポート課題を出したら、提出されたレポートのうち何本かに、「テンキー式錠前」ならぬ「ラッキー式錠前」という用語が現れたのです。

カタカナで書くと、「テンキー」と「ラッキー」は似ています。おそらく、まったく授業に出なかった学生が、友だちのレポートを写させてもらったのでしょう。そのときに写し間違えたのですが、その写し間違えたレポートから、さらに写させてもらった人もいたらしく、「ラッキー式錠前」という同じ間違いがかなりの数ありました。

最近の学生さんはカタカナに弱いようですが、それにしても「ラッキー式錠前」とはどんなものかと考えてみなかったのでしょうか。おそらくまったく疑問に思わずに、意味を考えずに丸写しをしていたのでしょうが、これはまさに「間違えていることに気づかない」典型的な例と言っていいでしょう。

間違いに気づくために必要なこと

間違いを100パーセントなくすというのは不可能なことです。「テンキー」を「ラッキー」に間違えるようなレベルのミスは誰にでも起こります。それはしかたがありません。でも、そこで**重要なのは、その間違いに「気づくか、気づかないか」**です。ほんのちょっと「意味を考え」て、「ラッキー式錠前って、なんだろう」と疑問に感じることができれば、間違いに気づくこともできたかもしれません。気がつきさえすれば、「よくできる友だちに確かめる」など対策を講じて、間違いを訂正できたかもしれません（そういう学生さんも、何人かはいたかもしれません）。

間違いに気づくためには、「意味を考える」ことが重要なポイントです。コピーペーストした学生さんのレポートの場合では、学生さんは私が出したキーワードが文字列として入っていれば満足してしまって、意味など考えていなかった。最初から「意味がわかる」という目的がないから、間違いに気づかないのです。

意味を考えれば、正しいとか間違っているという判断が出てくるのですが、キーワードが入っているか入っていないかだったら意味など関係ありません。肝心の結論の段階で、イエスとノーが逆になっていても気にならないわけです。

学校の勉強だけではありません。考える力がなくなっている人が増えているために、あちこちで悪循環が起きている気がします。考えないから間違いが起きる、でも間違いが起きていることがわからないから、さらなる大きな間違いを犯すというありさまです。

少し前に、ブレーキのついていない競技用の自転車を公道で乗り回すことが問題になりました。なかには、警察から何度も警告を受けて、とうとう逮捕された男がいたのですが、そのときの彼の言葉が、「逮捕されるとは思わなかった」というものでした。だから、呼び出しに応じていなかったのだそうです。でも、結局は、やりすぎて全国で初めて逮捕されてしまったわけです。

さんざん警告を受けていた時点で、放っておいたらどうなるのかは、少し考えればわかりそうなものです。この事件を見ても、「意味を考える」ことの欠如が関係しているように思えてなりません。

そういう法律があったことを知らないための間違いならば、法律的な問題はともかく、「悪意はない」と言えるかもしれません。だからこそ、警察も警告にとどめたのでしょう。しかし、問題は最初に間違えたあとの行動だったのではないでしょうか。

法律を知らなかったために間違えたのならば、それを知れば済むだけの話です。もう少し複雑な話になって、試験や人間関係での間違いならば、なぜ間違えたのだろうかと勉強することだろうと思います。それがなければ、何回間違えても同じ失敗をくり返すでしょう。そのために**大切なスキルが「反省」という行為**だと思うのです。

間違いは誰にもあるものです。問題はそのあとでどう考えるかです。試験の点数だけを聞いてよしとする学生さんのように、間違いを認識しないのでは、また間違いをくり返すことでしょう。また、間違いだとわかっても、その意味を自分の頭で考えなければ、ブレーキのない自転車を乗り回していた男のように、いつかはしっぺ返しを食らいます。

かといって、間違えたことを気に病むだけで、冷静に分析できないのもまた、間違いをくり返すだけでしょう。

反省にはスキルが必要なのです。詳しくは第4章で論じますが、反省するスキルを磨く過程で、それまで自分がわからなかったことがらがわかってきます。それによって、知識や考える幅が広がっていくのです。

間違えるということは、考えるという行為と深くリンクしています。考えなければ間違いにも気づかないし、それを克服することもできません。まさに、「間違えなければ、本当にはわからない」のです。

ある自動車メーカーの「間違い」

間違いに気づかないことで、そのしっぺ返しが自分に降りかかるだけならまだいいほうで、時と場合によっては周囲まで巻き込んでしまいます。そうした例は、この社会のあちこちで目にすることができます。

たとえば、ある大手自動車メーカーは、今でこそ素晴らしい売上を記録していますが、2008年に起きたリーマンショックでは非常に大きな痛手を被ってしまいました。下手をしたら、家電メーカーのような大規模なリストラが必要になるところでしたが、うまくもち直しました。その裏には社長の大きな間違いがあったと言います。

それは、２０００年代の半ばに、社長が高級車を大量生産しようと言ったことにはじまります。当時は中国の富裕層も今ほど多くありませんでしたから、アメリカの金持ちを中心に売ろうと思っていたことはたしかでしょう。ところが、すでにアメリカの金融市場はかなり危うい状態であるということは、社長以外の幹部はみなわかっていたと言います。ところが、社長は高級車の製造・販売に固執していました。会社幹部はその社長方針に逆らうことができず、結局大量生産がはじまってしまいます。

すると案の定、リーマンブラザーズ証券が倒産して、アメリカをはじめとして全世界が金融危機に巻き込まれ、高級車を売るどころではなくなってしまったのです。このままでいったら会社の経営が傾いてしまいかねないということで、幹部たちは経営に大きな発言権をもっている創業家に訴え、社長を退陣させたと言います。

似たような出来事は、当時の日本企業のあちこちで見られたことでしょう。間違いのタイプについては第2章で詳しく解説しますが、このエピソードにはいくつもの典型的な「間違い」のパターンが隠されていると思います。

はたして、社長は金融危機についてまったく気がついていなかったのでしょうか。それとも薄々気づいてはいたけれど、言い出した以上、メンツや意地で最後まで押し通そうとしたのでしょうか。それはわかりません。もちろん、前者の場合でも社長としては問題ではありますが、後者だとしたら極めて残念なパターンと言わなくてはなりません。

そして、社長に進言できなった幹部たち、そしてそもそも社長に進言できないという会社の体質も、間違いをもたらした原因と言ってよいでしょう。

「間違えなければ、本当にわからない」と言いましたが、大きな間違いを犯してしまうと、このように、多くの人の生活や生命にかかわることさえあります。おそらく、大きな間違いが起きるまでには、さまざまな無数の小さな間違いがあったことでしょう。間違いが小さなうちに、その原因を考えればよかったのでしょうが、それを怠ると大変なことになるという教訓です。

アメリカと戦争して勝てると思った「大きな間違い」

間違いの内容をよく考えて、反省のスキルを磨くことは、単に試験の成績をよくするための技術ではありません。生活や生命を守ることにもつながっているのです。

そういう大きな間違いとして、ここ１００年間の日本で最大のものといえば、太平洋戦争の開戦だと思います。資源が日本とはけた違いに豊富で、工業技術も優れていたアメリカと戦争を始めたこと自体、「とんでもない間違い」としか言いようがありません。

軍人や政治家のなかにも、アメリカと戦っては勝てないと考えていた人はいたのですが、「アメリカは臆病だから、初戦で脅かせば必ず降参するだろう」「日露戦争だってロシアという大国を負かしたのだから、大和魂があればアメリカにも勝てる」というようなばかばかしい理由を述べ立てる「戦争をしたいグループ」に、結局押し切られてしまったのです。おかげで、戦地において有能な若い人材を数多く失ったうえに、日本の国土も焦土と化してしまいました。

戦争後半になると、あちこちで悲劇的な出来事が起きるのですが、なかでも南太平洋のガダルカナル島やニューギニア島での戦いは悲惨なものでした。

ガダルカナル島を占領していた日本軍は、オーストラリアを攻撃するために、飛行場建設に2千600人の作業部隊を送り込んでいました。しかし、それを守備する兵隊はわずか250人だったのです。

飛行場が完成すると、待ってましたとばかりにアメリカは2万人もの軍隊を送り込んできました。当然ながら日本軍は惨敗、ジャングルに逃げ込むしかありませんでした。

東京にいた軍の上層部は、現地から惨敗の報を受けてどうしたかというと、まさか相手がそんなに大軍だとは思わず、２５０人でだめなら８００人、それでまた失敗しても、６千人の兵士しか送りませんでした。

しかも、当時の日本の兵隊がもっていた鉄砲というのは、40年も前の明治38年（１９０５年）につくられた、いわゆる「三八（サンパチ）式歩兵銃」という時代遅れのもので、弾が一度に5発しか詰められませんでした。一方、アメリカ兵がもっていたのは、カービン銃という自動小銃。しかも、兵隊の数がけた違いなのですから、勝てるわけがありません。

結局、６千人でも惨敗。すると軍上層部は、敵は大軍らしいからと、今度は2万８千人を派遣しようとしました。しかし、攻撃部隊を乗せた輸送船はアメリカ空軍機の攻撃で半数が沈没してしまい、残りの船でなんとか届けられた食糧や武器弾薬も、空襲のためあらかた焼失してしまったそうです。

これでは、派遣された兵隊さんたちはどうしようもありません。辛くも生き残った人はジャングルの中に逃げ込んだのですが、食糧をもたされていなかったので、ほとんどの人が餓死をしてしまいました。一説によれば、餓死者は戦死者の10倍にものぼるとも言われ、ガダルカナル島を略したガ島という名称は、「餓島」とまで呼ばれるようになってしまったのです(このあたりのことは、飯田進『地獄の日本兵』新潮新書に詳しく書いてあります)。

こうした大きな間違いを犯したあとにも、軍部は国民に「徹底抗戦」を呼びかけました。本土が空襲されるようになってからも、「バケツリレーで火を消せば、空襲など恐ろしくない」(実際にはまるで消せなかった!)とか、「竹槍で、一人でも多くのアメリカ兵を殺せ」(機関銃を相手に、殺せるわけがないでしょう!)などという指導までしていたのです。

最後はポツダム宣言を受け入れて、日本は「無条件降伏」をしたのですが、徹底抗戦を主張する愚かなグループのために降伏が遅れ、そのために沖縄や広島・長崎で何十万人も犠牲者を増やしました。

私の叔父も植木職人でしたが、フィリピンに出征していて、戦争終結まで生き残っていたのに、そのあと引き上げる途中でゲリラに襲われて戦死、という気の毒な目にあいました。いったい政府は、「日本国民に甚大な被害を与えた」責任をどう考えているのか、間違いをきちんと認識・分析しているのか、残念ながら私にはよくわかりません。

第2章

「間違い」の本質を探る

――どんな人が、どんな間違いを犯しやすいか

7つの思考タイプからわかる「間違い」の特徴

パズル、数学、日常の付き合いなどを通じて、これまで私はさまざまな人たちを見てきましたが、同じ間違いをくり返す人というのは、その性格はもちろん、思考のタイプに深くかかわっていると実感しました。この章では特徴のある7つのタイプを取り上げて、その性格と犯しやすい間違いを考えていくことにしましょう。

(1) 落雷型
(2) 猫のお化粧型
(3) めだかの学校型
(4) 這っても黒豆型
(5) 馬耳東風型
(6) お殿さま型
(7) 即物思考型

血液型と違って、あらゆる人がこの7つのタイプにはっきりと分けられるわけではありません。人によっては「めだかの学校型」が8割ほどで、「即物思考型」が2割という人もいるでしょう。なかには、「ほぼ100パーセント、落雷型」という人もいるかもしれません。

自分がどのタイプにあたるのかを考えて、起こしがちな間違いを頭に入れておくのもいいですし、身近な人や上司・部下のタイプを考えて、つきあい方や対処のしかたを考えるうえでの参考にするのもいいかもしれません。

（1）落雷型——なにかひらめいたらすぐにそれに飛びつく

ゴロゴロ、ドシーンと落ちたら、そこでもう動かない。雷が落ちたときのように一瞬でなにかを思いつくのですが、「これだ！」と思い込んだら、そこから一歩も離れることができないというタイプです。

とくに**思い込みが激しいのが、このタイプの大きな特徴**です。ですから、パズルをしてもらうと1つのパターンに固執しがちでうまくいかず、ディスカッションをしていても自分勝手で強引な論法に終始しがちです。

落雷が、ごく狭い範囲に大きな被害を与えるのと同じように、見ている範囲がとても狭いので、すぐそばに正解があっても気づきません。いわゆる「視野が狭い」ので、結局判断を間違えてしまうことが多いのです。

もっとも、ドカンと落ちる場所が、まれに大当たりであることもあります。そんなときは、周囲から「勘が鋭い」と評価を受けることもあります。

ただ、冷静に観察してみれば、けっして勘が鋭いわけではなく、思い込みでぱっぱっと発言するだけ。10回に1回ほど大当たりをすると、周囲は外れたことを忘れて、「あの人は直感が鋭い」という誤った評価を与えてしまいます。そこで、本人も自分に能力があるのだと思い込んでしまうのもまたやっかいです。

思い込みが激しいのでケアレスミスも多い

会社の上司が落雷型だと、部下は大変な苦労をすることでしょう。なにも言われていいないのに、「なぜ言われたことをやらないんだ！」と怒られることもあります。本人は言ったつもりでいるのですから困ったものです。けっして、記憶力が悪いわけではありません。思い込みが激しいだけなのです。

大事なポイントとなる部分を言わずに、それ以外のことばかり言うというのも、よくあるパターンです。それでいて、「相手は理解しているはずだ」と思い込んでしまうのも問題です。話の前後がなくて、いきなり「これ何？」「あれはどうなっている？」と言うのが口ぐせです。

有能そうに見えるのですが、**ケアレスミスをしがちなタイプ**でもあります。1つ思い込んだら、それ以外のことは思いつかない――要するにケア（配慮）をしていないのですから、間違えてしまうのも当然です。

あるとき、まじめそうな生徒さんが教員室にきて質問をしたとき、こんな対応をする先生がいたそうです。

「それなら私が授業で話したじゃないの。聞いてないいんだなー、聞いてないんだなー」

そうして、生徒の顔を見ないで、自分の仕事を続けています。

生徒さんが「いえ、私が聞きたいのはそのことじゃないんです」と言っているのに、まったく聞く耳をもたない。「聞いてないんだなー、聞いてないんだなー」の一点張り。話を聞いていないのは先生のほうなのですが、生徒には気の毒なことでした。

また、算数が苦手な子で、こういう子がいました。「足し算や引き算に0は関係ない」と自分なりの大発見したのです。そこまではよかったのですが、３０４＋１０７という計算で、「0は関係ないから消してしまえ」とばかりに、34＋17を計算してしまい、ひどい減点を喰らいました。

本人にとっては、素晴らしいひらめきだったのだと思います。落雷の場所が違っていれば、いい発見となっていたかもしれません。ただもしかすると、実は世紀の大発見のうちのいくつかは、このような「たくさんのひらめき」のなかから、ごくまれに生まれるのかもしれません。

落雷型と上手に付き合うには証拠や証人を残すこと

落雷型は、ひらめきの力だけはあるので、自分を有能だと思う傾向があります。そこで、どうしても他人を下に見たり、逆にプライドを傷つけられて人を恨んだりしがちです。おそらく、それで周囲から煙たがられて、本人はかなり損をしていることでしょう。

自分は多少の落雷型の要素があると思ったら、家族でも親友でもいいですから、**味方を確保しておくこと**です。落雷型でもうまくいっている間はいいのですが、うまくいかないこともあるはずです。そんなときに、世の中の全員を敵に回していたら大変なことになるでしょう。

上司が落雷型の場合、前述のように「言ったじゃないか」となりがちです。そんなとき、感情的になっている人に、「言っていませんよ」と直線的にぶつかってもうまくいきません。**付き合う方法としては、本人の説得はあきらめて、まわりを巻き込むのが一番**です。**やりとりは、すべて紙に書くか、メールで残す**。打ち合わせをしたら、必ずその結果を記録してメールで送信するのがいいでしょう。

1対1では「言った、言わない」は水掛け論になってしまい、相手が上役では説得は不可能ですから、**打ち合わせのときにも、なるべく1対1にならずに、複数の証人をつくっておく**ことが肝心です。「みんなこういうふうに聞いていますよ」とまわりの人が言ってくれれば、プライドの高い落雷型の人も引き下がりやすいでしょう。くれぐれも、大人数の前でズバッと言って、恥をかかせるようなことはしないほうが賢明です。

（2）猫のお化粧型——同じことをくり返してばかりいて前に進まない

同じことをくり返して、なかなか進まない、問題を解決できないタイプです。落雷型とは正反対のタイプと言ってよいでしょう。

以前、知り合いのフランス人が妹さんを連れて日本に遊びにきたのですが、この妹さんがそのタイプでした。とてもきれいなお嬢さんだったのですが、パズルが苦手なのです。「枠の中のピースを動かして、よい組み合わせを見つける」ごく簡単なパズルをやっているのですが、見ているとしょっちゅう首をかしげて、なかなかできない。できなくて当たり前で、同じ間違いを何度も何度もくり返しているのです。

たとえば、Aという組み合わせを試してうまくいかないと、次はBを試す。それでうまくかないと次はCを確かめる。そこまではいいのですが、Cでダメだと、またAに戻ってしまう。同じところをA、B、C、A、B、C……と、ぐるぐる、ぐるぐる回っているだけなのです。

そこはもう確かめたのだから、今までやっていない組み合わせを調べていけばいいのですが、それができません。新しい組み合わせを試してみれば、そのうち正解にたどりつけるはずなのですが、そのお嬢さんは狭い範囲でぐるぐる回っているだけでした。

そんな様子が、まるで猫が前足で顔をていねいになで回しているように思えたので、猫には失礼かもしれませんが、「猫のお化粧型」というネーミングを思いつきました。

このタイプの問題点は、新しいことに取り組まないために、視野がまったく広がらないことにあります。仕事でも、自分の経験値だけでものごとを判断してしまって、そこから一歩も出ようとしません。

猫のお化粧型の人は、ループに陥っていること自体が、一種の間違いであるわけです。問題解決ができないからです。

解決にまで至らないために、途中で放り投げてしまったり、誰かに手伝ってもらうことになります。パズルだったらそれでもいいのですが、仕事の場合だとそうはいきません。これをやりなさいと言われたときに、小さいループの中でぐるぐるやっていたら、時間切れにもなるでしょうし、解決できないので本人も嫌になってしまいます。結局、仕事を放り出すか、近くの人が押しつけられて迷惑をこうむるのかのどちらかになってしまう可能性が大です。

無駄がなく、ひらめきがあるのが天才？

パズルの強い人は、無駄なくり返しがありません。もちろん、いっぺんにはできなくて、試行錯誤をするのですが、少なくとも無駄が少ないということがあります。実は、**天才と呼ばれる人も、「無駄がない人」**なのかも知れません。

以前、物理学者の後藤英一さんがご健在だったときに、「天才はどうしていろいろなことを思いつくんだろう」という話をしたことがあります。後藤さんの説は、天才だっていろいろな組み合わせを考えて、その中から選んでいるのは変わらないというものです。ただ普通の人と違うのは、選ぶスピードが速いのではないかということでした。後藤さん自身が天才でしたら、基本的にその説で間違いはないのでしょう。

ただ、私の説は少し違っていて、速いだけではなくて無駄が少ないと思うのです。天才は、狭い範囲のループに陥ってくり返すなどということは、ほとんどないでしょう。

たとえば、図2の（A）のように、「まったく同じところで堂々巡りをする」小さなループであれば気がつきやすいのですが、（B）のように「広いところを探し回って、前に通っ

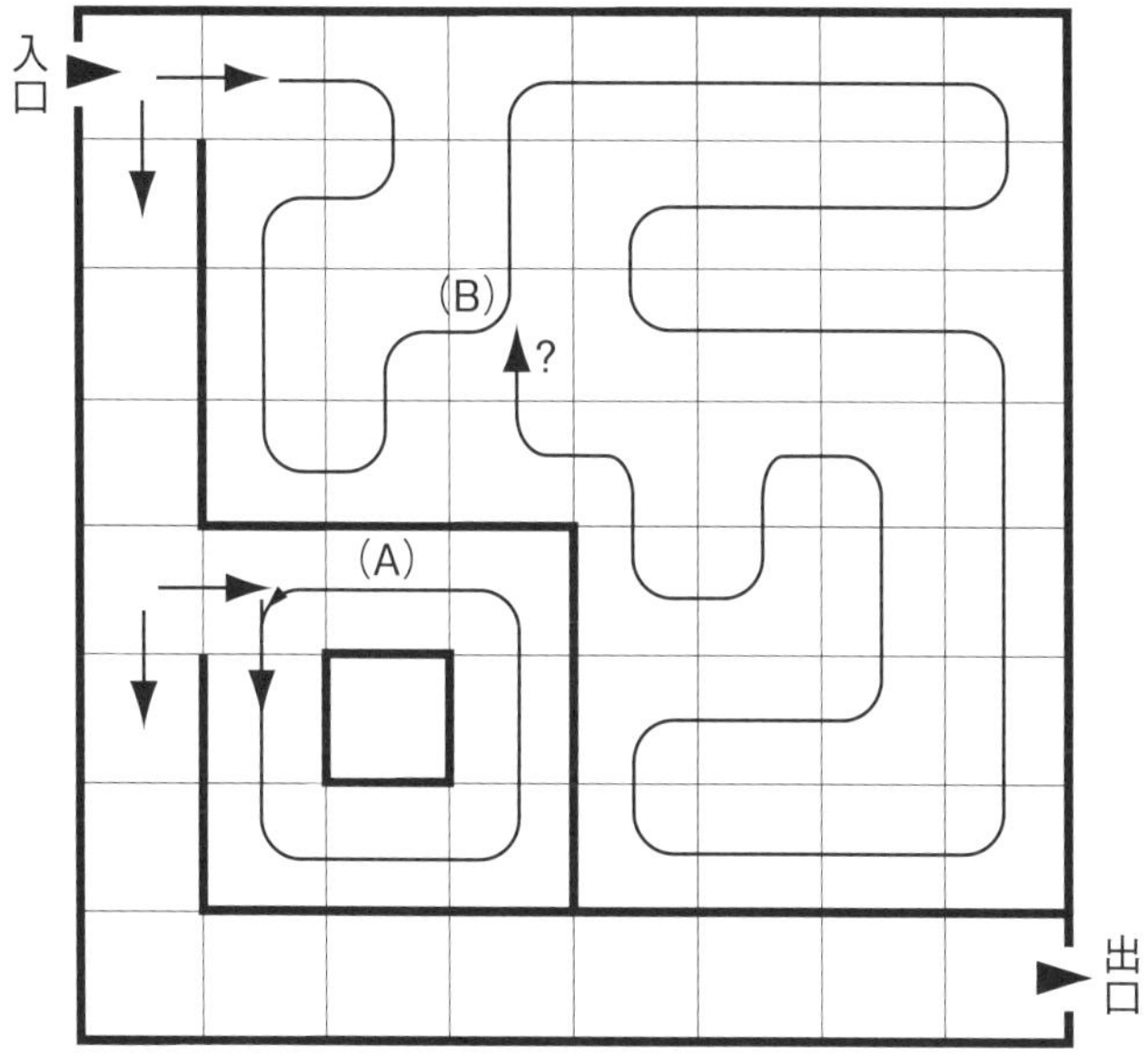

[図2] 迷路における大小のループ

太線はドアのない壁で、通れない。（A）は「小さなループ」で気がつきやすいが、（B）は「大きなループ」で、きちんと記録をしていないとわかりにくい。

たところに戻ってくる」大きなループですと、私などは、「これは前にやったけれども、ひょっとして見落としがあったんじゃないか」と、同じものをチェックして、あとで無駄なことだったとわかることもあります。

天才は、そうした無駄がない（少ない）のではないでしょうか。天才でもありとあらゆる可能性を調べて、正しい答えを見つけ出すのです。ただ、人間はコンピュータではないので、きちんと整理してありとあらゆる場合をチェックするのには向いていません。ですから「速い」ということ以外にも、「無駄がない」という要素が必要になってくるはずです。

それに加えて、天才的なひらめきがある人は、途中でジャンプするのではないかと思います。やっている間に、これもダメ、これもダメとわかったら、「このあたりはどうせみなダメだろう。じゃあ、その先を読んでみよう」という感じです。猫のお化粧型の人は、こうした「ひらめき」がまったくなく、小さいところでグルグル回っているのです。

書き出すことで視野を広げるきっかけに

猫のお化粧型の欠点は視野が狭いということですから、これを克服するためには視野を広げればいいわけです。と、口では簡単に言えますが、いきなり視野を広げろといっても、そう簡単にできるものではありません。

話をパズルにかぎってみれば、どんな手があるだろうかと書き出してみると、結構役に立つことがあります。そうすると、最初にこれをやって、次にこれをやってダメだったら、「じゃあ、順番を逆にしてみよう」というような発想が生まれてきます。要素が3つ、4つと増えていけば、それだけ組み合わせの数も増えますので、頭だけで考えるよりも、メモに書き留めるとわかりやすくなります。こうすれば、確実に見落としが減ります。

ただ、単純なパズルと違って、仕事や日常生活の問題になると、そもそもどんな手がうてるかをリストアップすることがむずかしくなってきます。それでも、頭の中で考えているだけよりは、書き出してみることは解決の助けになることでしょう。

わからないことや知らないことを検証したり分析したりして、「○○ではうまくいかないから、次は△△をやってみよう」などというとき、ともかく○○や△△を紙に書いてみる。視野が狭ければ、リストアップされる項目数は少ないかもしれませんが、それでも**記録してみれば何が足りないのか、そして他に何ができるのかのヒントが得られ、それが視野を広げることにもつながる**でしょう。少なくとも「小さなループに落ち込む」ことは予防できますし、行き詰まったときに「行き詰まった」ことを早く認識して、まったく別のやり方を探してみるきっかけにもなるはずです。

自分だけで解決できなかったら、本やネットで調べたり、人に聞いてみるというように、**それまでとは違う方法で知識や方法を得ることも大事**です。自分で解決できない問題を、いつまでも自分だけで抱えていては、「猫のお化粧型」は克服できません。

経験値の不足が「猫のお化粧型」の大きな原因

落雷型の人の「思い込み」は性格的なものが強いのですが、猫のお化粧型の人の「視野が狭い」という弱点は、経験で補えるという面もあるはずです。**経験を積めば十分に克服できる可能性が高い**と思います。

もっとも、この経験値というのもクセ者です。一般に、若者は経験値が少なくて、年をとるにつれて経験値が増えて、問題解決のための引き出しは増えてきます。しかし経験値が増えて、それで90パーセントくらいのことが処理できてしまうと、かえってそれ以上視野を広げようとしなくなる、という傾向があります。年をとって頭が固くなってしまい、殻を破れなくなるというのは、まさにそこが原因です。ですから、世の中が劇的に変化して、それまでの経験値が通用しなくなった時に「本当に独創的なこと」を見つけようとすると、それは若い人のほうが出しやすいものなのです。

猫のお化粧型は経験値不足が原因なのですから、会社でも若手に多いはずです。もし、部下にこのタイプの人がいたら、上司の腕の見せどころです。職場の環境にもよるでしょうが、「こいつには無理だから、ちょっと誰かサポートをつけてやろう」とか、「ちょっと私が出ていって少しフォローしてやろうか」という解決法が考えられます。

もっとも、すぐに助け船を出すのも、かえって逆効果になることもあるでしょうから、そのあたりのタイミングは大事です。「自分の力で解決できなければそれまでだ。這い上がってくるのを待とう」というのも1つの選択肢ですが、若い人と大学で接してきた私の感覚だと、それはかなりリスクの高い選択でしょう。

サポートをしたことで若い社員がうまく育てば、組織にとってもあとあとプラスになります。放っておいて育たなかったからといって、簡単にクビにはできないのですから、そのあたりはよく考えたほうがいいと思います。

落雷型と猫のお化粧型の違いとは？

碁や将棋、ゲームやパズルなどで、いろいろな「選択肢」の（組み合わせだけでなく）順序も重要であるとき、「どんな手（選択肢）を、どんな順序で実行したか」を「枝分かれ図」で表現することがあります。

これは、営業活動・経済活動・戦闘行為など、また確率計算などにも応用されますが、高校では重々しく「樹形図」と呼び、大学ではあっさり「木」と呼ぶのがふつうです。

たとえば、最初に3通りの選択肢A、B、Cがあって、Aを実行したあとには2通りの選択肢D、Eがあり、Bを実行したあとには3通りのE、F、G（EはAのあとと共通）の選択肢があるなどという状況は、図3の木で表されます。

落雷型は、あまり深く考えることなく、ひらめきによってこの枝を一気に下ってドーンと落ちるのです。それでうまくいけばいいのですが、うまくいこうといくまいと、それっきり思考停止して、改良も発展もありません。

猫のお化粧型というのは、2手目、3手目あたりまでのある範囲を調べるのですが、幅も深さも狭い範囲でとどまってしまって、調べる範囲がなかなか広くならないのです。

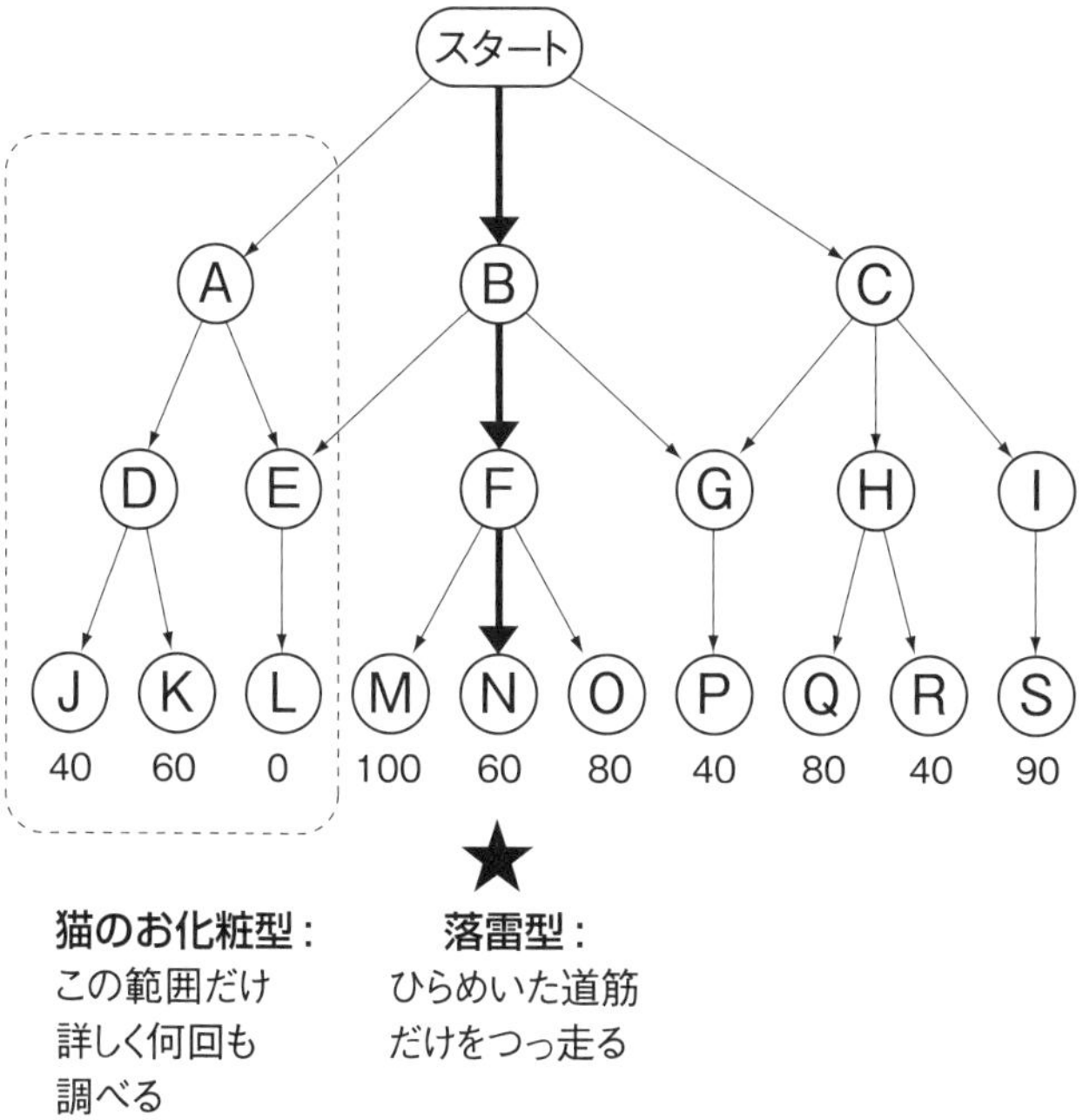

[図 3] いろいろな可能性の検討

それぞれの状況で、進める次の状況を矢印で示す。
最下段の数字は、結果の評価点を示す（高いほどよい）。

（3）めだかの学校型――群れるのが好きで付和雷同に慣れている

誰かが「こっち」と言えばこっち、「あっち」と言えばあっちに、おとなしくついていくタイプです。「めだかの学校」という童謡にうたわれているように、めだかという魚はいつも群れて行動しています。そして、リーダーとおぼしき魚が方向転換すると、みんなで一斉にそちらの方向に頭を向ける。そんな様子から名付けました。

「赤信号、みんなで渡れば怖くない」というジョークがありましたが、危険なことをする場合にかぎらず、いわゆる付和雷同というやつで、日本人に多いタイプと言えるでしょう。

近頃は、田舎でもめだかが生息できる小川が減ったとかで、絶滅危惧種となっていると聞きましたが、めだかの学校型の日本人は絶滅どころか、相変わらず多数派を占めているようです。

会社の同僚とランチに出て、「お前は何にする？」「なんでもいい」「オレも、なんでもいい」「じゃあ、トンカツ定食」「じゃあ、僕もそれ」「オレも」「オレも」なんていう会話をよく耳にするでしょう。これは、めだかの学校型の特徴がよく現れている行動ですね。

誰かが好きなことに対して「私は嫌いだ」と言っても、別に構わないはずです。けっして、それは相手の人格を傷つけることではありません。ところが、日本ではあまりそういう主張はしません。人格を傷つける（あるいは傷つけられる）と思う人がいるので、面倒なことを起こさないようにと思うのでしょう。

もちろん、これは日本人の長所でもあります。聖徳太子がつくった十七条憲法第一条の「和をもって貴しとなす」という精神が日本人に浸みついていて、「和」を重んじる傾向が強い。和を重んじること自体は悪くないのですが、自分の意見よりも他の人の意見とのバランスを重視するということでもありますから、考えすぎると自分がなくなってしまう欠点もあるわけです。

日本の教育は幼稚園から大学まで「めだかの学校」

だいぶ前のことになりますが、なにかの研究会である大学の先生が「最近の学生はだらしない。オリジナルな研究がちっとも出てこない」と発言したことがあります。私はまだ若くて血の気が多かったものですから、腹が立ってこう言いました。

「当たり前じゃないですか！　そもそも教員が、オリジナルな研究をどれだけやっていますか？」

このとき、私の上司だった東大教授の山田尚勇（ひさお）さんが、「そうだ、そうだ！」と賛成してくれました。山田さんはほんとうにオリジナリティの高い研究者で、アメリカでの生活が長く、「どうも日本の教育は、幼稚園のときからおかしい」と、こんな例を教えてくれたものです。

日本の幼稚園では、「さあ、お絵描きの時間ですよ」とみんな一斉に絵を描きます。それが当たり前だと思っています。ところがアメリカでは、こちらで絵を描いてる子がいると思えば、あちらでは本を読んでいる子がいるという具合で、てんでんばらばら。

もちろん、ときには先生が子どもたちを集めて読み聞かせをするのですが、基本的には各自が勝手にやっているらしいのです。つまり、幼いころから「自主的にやる」ということが徹底しているわけで、鍛え方が違うのです。

日本の保育園や幼稚園では、先生が「本を読みますよー」と言うと、子どもたちはみんな集まります。もし、その本に興味がなくて、自分の好きな車や電車の図鑑を一人で読んでいると、たちまち「おたくのお子さんはちょっとおかしいですね」と先生に言われてしまうこともあるのだそうです。「自主性」ではなく、「社会性」あるいは「従順さ」のほうを育てようとしているのでしょうか。

小学校・中学校に進学しても基本的には同じで、それが、「めだかの学校型」を増殖させる根本の原因になっている気がします。

悪いこともみんなでやれば怖くない、という間違い

めだかの学校型の間違いは、自分で考えないで周囲に従ってしまう点にあります。周囲がある方向に向くと、いつのまにか全員がそちらになびいてしまうのです。「みんなで渡れば怖くない」と言っているうちに、みんな揃って間違った方向に進んでしまう恐れだってあります。

典型的だったのは、この前の戦争のときでしょう。

戦争が終わってからさまざまな文化人たちが、「私はあの戦争中はだまされていた」と発言しましたが、それも実はずるい発言なのです。詩人・金子光晴は戦争の愚かしさを正しく見抜いていて、息子さんが徴兵検査（兵士に採用するための体力検査）を受けたとき、

その前日に無理やり風邪をひかせて不合格にさせ、戦地に送られるのを防ぎました。多くのだまされた人たちが「兵士になるのは名誉なことだ」として、近所の若者が軍隊に採用され家を出てゆくときに「ばんざい、ばんざい」と送り出したのと、実に対照的です。

実は、「だまされる」ということ自体、恥ずかしいことのはずなので、その点は映画監督でエッセイストの伊丹万作（1900〜1946）は、戦争が終わった翌年の1946年4月に、「戦争責任者の問題」（原文は、伊丹万作著、大江健三郎編、『伊丹万作エッセイ集』ちくま学芸文庫に収録）という文章を書き、はっきり糾弾しました。

ごく一部だけ要旨を紹介しておきますが、できれば原文をお読みいただけると参考になろうかと思います。

〈①多くの人が「今度の戦争でだまされていた」というが、だまされること自体、大きな罪である。

②国民をだましたのは政府・軍部だけではなく、多くの国民が「だます」ことに積極的に協力していた。

③「だまされていた」といって平気でいられる国民なら、今後も何度でもだまされるだ

ろう。〉

こうした戦時中の体質は、そのままめだかの学校型として残っているような気がします。会社のような組織になるとさらに典型的で、悪いこともみんなでやれば怖くないという意識で、食品偽装も談合もやってしまうのではないでしょうか。

「めだかの学校」は永久には続かない

「めだかの学校」のなかの世界は、**自由度はあまり高くないのですが、みんなと同じことをやっているかぎり安心です**。やっかいなのは居心地がいいことです。

ですから、めだかの学校型を批判するのは簡単なのですが、そこから脱却するのはむずかしいのです。そもそも本人がそれで満足しているのですから、脱却しようなどと考えもしないケースが多くあると思います。

しかし、普段はそれでよくても、最後までめだかの学校に安住していられるかどうかは別の話です。日本式の昔ながらの組織では、これまではめだかの学校型で通用してきました。ほどほどに仕事をして、あまり目立つことなく、人と同じことをやっていれば、定年まで無事に過ごすことができたわけです。でも、これからの時代はそういかなくなるでしょう。

では、どうすればよいでしょうか。

「脱めだか」を目指すために重要なのは、「異なる価値観をもった人たち」と出会うことだと思います。つまり、「めだかの学校」ではなくて、違う「学校」に通ってみるわけです。世の中には、自分たちとまったく違う価値観をもち、違う行動様式をもつ違う人がいるのだということをよく知るべきです。

たとえば、旅に出るというのは、異なった価値観をもつ人に出会うためのいい方法です。「かわいい子には旅をさせよ」というのは、まさに旅には視野を広げる意義があることをいったことわざでしょう。めだかの学校なら他人に従っていれば暮らしていけますが、旅に出ればそうはいきません。どこに泊まるか、どんな交通機関に乗ってどこまでいくのか、あらゆる場面で決断を迫られる状況というのが出てくるのです。

遠出をしなくても「脱めだか」が実践できる

もっとも、ただ遠くに出ればいいというわけではありません。ひところ、日本が今よりは経済的に豊かだった時代、あちこちの中学や高校の生徒が、海外にホームステイに出かけていました。

ただ、外国に行っても日本式をあらためようとしないと、受け入れた家庭が困ってしまうケースも出てきます。「今晩、何食べる?」と聞かれたとき、「なんでもいい」というのでは、相手は困ってしまいます。せめて、「昨日のパンがおいしかったから、またあれを食べたい」というくらいは返事をしなくてはいけません。

ところが、日本にいたら周囲の人が〝あうんの呼吸〟でなんでもやってくれるものだから、そうした「どんどん意見を言うこと」に慣れていなくて、うまく対応できない子が毎年何パーセントかはいるのだそうです。最悪なのは、「受け入れた生徒が部屋に閉じこもって、出てこない」ということで、受け入れた家庭の奥さんがノイローゼになってしまったという話まで聞きました。それでは、わざわざ外国に行ってホームステイなどするのは、お金をどぶに捨てるようなものです。

もちろん、積極的な子ならば、「慣れない会話に苦労する」こと自体を、大きなプラスに変えられます。日本式が通じないこと、まったく違った生活習慣がありうることなどを学ぶのは、ホームステイの最大の収穫なので、「身振り手振りでなんとか意思の疎通を図る」ことも、とてもよい体験なのです。

遠くに出かけるのは経済的にも時間的にも大変ですが、**日常生活でも行動範囲を少し広げるだけで、価値観の違う人と出会うことができます。**たとえば、いつもの居酒屋ではなくて、たまには一人で「ちょっとだけいいバーに行く」という手もあります。とくに若い人には、年季を積んだ人と話すことで、いい経験になるに違いありません。いつもの居酒屋に行く回数を減らせば、あとはちょっと冒険心を出すだけで実行は可能です。

バーに行かなくても、違う業種の人と話すだけでも、目からウロコが落ちるチャンスはいくらでもあります。バブル時代には「異業種間交流」というのが流行って、さまざまな業界の多彩な職種の人が集まって、刺激を与え合ったものです。今でも探せば似たようなものがあるでしょう。自分の興味のある分野を、カルチャーセンターなどで探してみるのもいいかもしれません。

普段から「問題意識をもつ」ことが重要

ところで、大学もめだかの学校が多いなかで、私が１９８０年代にいた国際基督教大学（ＩＣＵ）は、ちょっと変わっていました。さまざまな価値観をもった人がいたのです。推薦入学での面接も変わっていました。「この大学をどういう目的で受験するのか」という質問は、受験生が答えをあらかじめ用意しているに決まっているから、それは聞かないことにして、なるべく突拍子のない質問をすることが奨励されていました。しかし、私などは「突拍子もない質問」といっても見当もつかないのですが、その点、アメリカ人の若い先生はいろいろ思いつくのですね。

たとえば、「あなたが日本の総理大臣になったら何をしますか？」という質問も出ました。するとまた、面接に来る受験生のなかには、それにスラスラ答える生徒もいるのです。実際、ある女子生徒は、即座にこう答えました。

「日本はアジアにいろいろ補助金を出しているけれど、どうもそれが賄賂とつながっていて、おかしなことに使われることがあるらしい。だから、私が総理大臣になったら、直接そういう国に乗り込んで、実態を確かめてみたい」

もちろんこの学生には、面接教員の全員が「花マルの合格点」をつけました。そういう生徒たちは、はっきりした問題意識をもっているので、こういう発言を即座にできるのでしょう。自主性を育て、めだかの学校型を克服するには、普段からそうした「問題意識をもつ」ことが、なによりも大切なのです。

でも、「自分以外の人が、よくまとまっためだかの学校」だと、そこで暮らすのはなかなか大変でしょう。「いじめ」の対象にもされかねない。厳しい状況ですが、なんとかして「仲間をつくる」のが急務でしょう。せめて、「こちらから意地悪はせず、少々白い眼で見られてもびくびくしない」ことで切り抜けられるといいのですが……。

(4) 這っても黒豆型――頑固一徹で自分の間違いを認めようとしない

たとえ不利な情勢になっても、自分の誤りをけっして認めようとしない強情なタイプです。「這っても黒豆」というのは、古いことわざから拾ってきたものです。

あるとき、何人かの男が部屋に集まっていると、そのうちの一人が、畳の上になにか黒いものが落ちているのを見つけました。小さくて、正体がよくわからない。そこで、居並ぶ男たちは、「これは黒豆だ」「いや虫だ」という議論になったと言います。

豆派と虫派がカンカンガクガクの大議論をしていると、その黒いものがそろそろと這いずりだしたではありませんか。虫派が、「それみろ、虫じゃないか」と勝ち誇ったように言うと、豆派の一人はそれでもあきらめない。「いや、やっぱり黒豆だ」とがんばったのだそうです。

そんな話から、よく言えば粘り強い人、悪く言うと意地っ張りな人を、「這っても黒豆」と揶揄するようになったのだそうです。

もちろん、「粘り強い」こと自体はけっこうなことなのですが、「間違っていることが明らかになっても、それを認めない」ような人は、手が負えません。はっきりした理由・根拠を突きつけられても、プライドが邪魔をして「いや、オレは認めない」とがんばるようになると、重症です。

程度は軽くても、どうでもいいところにこだわりをもっていて、そこで粘られるのも困りものです。常識的に考えて、「大筋はそれでいいんじゃないか。あとは実際にやってから考えよう」などと言っても、「いや、リスクは最小にしなくてはいけない」「こういうケースも起こりうる」などと細かいところで粘って、なかなか同意してくれません。

そうした人を説得するために、「たしかにそういう要素もあるけれど、全体で見てほしい」「別の視点からも考えてほしい」と納得させるのに、ひどく時間がかかって議論が前進しない傾向があります。

そのうえ、そこでプライドの高い人は、議論をしていて自分の立場が不利になってくると、不利な状況をごまかすために、言葉の意味を膨らませてしまうことがあります。

たとえば、「私が言っていることは、あなたの意見も含んでいるんです」というような調子です。そのように、どんどん言葉の意味を広げてしまう。こうすれば、負けを認めずに、議論を終わらせることができる、という計算でしょう。

こういうタイプの人の間違いは、「本当に議論すべきところの議論を深めない」ことです。自分の主張を守ることが目標になってしまい、言葉の意味を平気でずらしてしまうので、あいまいな言葉のやり取りに終始して、議論すべきポイントがかすんでしまうのに、ただ時間だけは過ぎてしまう、というのが一番困った結果です。

それでも、本人だけが無駄な時間を過ごすなら、どうぞご自由にと言えますが、周囲の人まで巻き込んで時間を無駄遣いさせるのは困りものです。その分だけ、創造的なことに使う時間を奪うことになるからです。

客観性を欠く思い込みは重大事故のもとになる

知り合いに、「金属の塊である飛行機が空を飛ぶわけがない」と言って、飛行機に乗ろうとしない人がいます。「実際に空を飛んでいるじゃないか」と言っても、「あれはなにかの間違いだ」と言います(もちろん冗談半分なのですが)。

また、算数の掛け算の理解で興味深い例があります。小学校低学年では、2×3＝6、12×8＝96というように、整数×整数から習いはじめるので、「掛け算をすると答えは大きくなる」と思う人が多いようです。

ところが、そのうちに小数とか分数の掛け算を教わります。すると、4×0・5＝2というように、答えが小さくなる場合も出てくる。そこで抵抗を感じ、前に進めなくなる生徒が意外と多いようです(大学生になってからも「あれが不思議で、算数が嫌いになった」と嘆いている人がいました)。

同様に、「割り算だから小さくなるはずなのに、0・5で割ると大きくなるのはおかしい」

「マイナス×マイナスがプラスになるは変だ」と言う人はよくいます。

でも、それは思い込みにすぎないのです。数学的に考えれば、必然的にそうなるはずなのですが、それを認めようとしない。「飛行機が空を飛ぶはずがない」というのと同じ発想です。

笑い話のうちはいいのですが、こうした**客観性を欠く思い込みで判断していると、判断能力が著しく低下する恐れがあります**。とくに、組織を率いるトップが「言っても黒豆型」のままでいると、部下を巻き込んでどんどんとマイナスの方向に進む恐れがあります。ましてや、たくさんの人の命を預かる飛行機の機長、船の船長、電車の運転士などが、思い込みで行動してしまったら、大きな事故を引き起こすことになりかねません。

感情論ではなく損得で説得する

「言っても黒豆型」の人は思い込みが強いので、自主的に修正しようという気になりにくい傾向にあります。そもそも自分が間違っているという意識すらない人もいるので、よほどの間違いをしないかぎり、自分から修正しようとは思わないでしょう。

ただ、思い込みのまま突っ走っていくと、必ずどこかで大きな間違いを犯してしまいます。そのときは、周囲の人間も巻き添えを食う可能性が高いので、家族、親しい友人、直属の上司といった近い関係にある人が、どこかでブレーキをかける必要があります。

とはいっても、プライドの高い人が多いので、「あなたのような意固地な態度はよくない」というように、**感情論で真正面から説教などしたら逆効果になる可能性が大**です。そのあたりを考えて、じっくりとあせらずに対話をするしかありません。そもそも、自分の意見をもって粘ること自体は、100パーセント悪いことではないので、そうした態度はある程度認めてあげる必要はあるでしょう。

そのうえで、**「他人の意見を聞かずに1つのことに固執すると、損をする」という損得論で説得するのがいい**のではないかと思います。感情論で白黒つけるのではなく、損か得かという観点で議論すれば、納得してくれる可能性が高まることでしょう。

このように「損得も考える」ことは、「自分にも這っても黒豆型の要素がある」と思う人にとっても、「プライドを捨てる」（勝ち負けにこだわらない）ことと合わせて、有益な留意点だと思います。

（5）馬耳東風型――反対意見も賛成意見に聞こえる都合のよさ

なにかを思いついたら、もう他人の意見が聞こえないというタイプの人です。耳には届いているのでしょうが、頭まで届いていないのです。ですから、反対意見を聞いても、本人には賛成意見のように聞こえます。実に都合のいい耳をもっているわけです。そこで、「馬耳東風型」という名前をつけてみました。

会議で、同席した別の同僚に、あなたの名前を挙げて「○○さんも同意してくださいました」と言われて、「そんなことは言っていないぞ」という経験があれば、間違いなくその相手はこのタイプです。

一カ所に落ち着いたら動かないという点では、「落雷型」と共通点があります。ただし、「落雷型」は、あるときにぱっとひらめいて、そこに固まる。それに対して「**馬耳東風型**」**は、結論を出す速さには関係なく、「自分勝手な理屈をつけて他人の意見を受けつけない」**というものです。落雷型は直感的に結論に飛びつく「動」のイメージがありますが、馬耳東風型は結論を変えないという「静」なイメージがある点が大きな違いです。

両者をくらべると、馬耳東風型のほうが扱いにくい傾向にあります。落雷型の人は、それなりに説得の余地がありえますが、馬耳東風型となると、説得はほぼ不可能に近いからです。

「馬耳東風型」は女性に多い？

馬耳東風型は、女性に多いという説があります。女性は電話をしながらでも、目の前にいる人の話が聞けるのだそうで、同時に複数のことに対応できるという能力は、女性のほうが優れています。そのために、個々の仕事は迷わず進める……というタイプも出てくる、というのです（真偽のほどは、定かでありません）。

電話に戻ると、聞き落したところは聞き直すなど、確認を取ればいいのですが、「馬耳東風型」の人はそんなことはしません。理解できなかった部分は、自分の都合のいいように解釈して、それでよいと思い込んでしまうのです。それを無意識のうちにやってしまうのですから、本人は悪気がまったくありません。

使う単語がいい加減なのも、このタイプの人の特徴です。ある人は、電車に乗って外の景色を見ているときに、「ほら、えんとつ、えんとつ！」と言うので、なにかと思って外を見ても煙突などない。よく話を聞くと、トンネルのことだったというケースがありました。これなどは、自分の思い込みのまま無意識に言葉にしてしまう現れだと思います。

報告書や企画書を書かせると、自分だけが理解できる文章を書きがちなのも、このタイプです。たとえば、どこで文が切れるのかもわからず、主語と述語や係り受けの関係もよくわからない意味不明な文章を書いてきて、誰も解読できない。ところが、本人の頭ではすっきりとまとまっているつもりだから、やっかいなのです。

馬耳東風型と仕事をするときは味方をつけて対処する

このタイプの人の問題点は、集中力や厳密さに欠けているので、細かいミスを山ほどするということにあります。言葉も行動も、自分のなかで吟味することなく外に出してしまうので、早とちりをしがちです。

では、どうすれば直すことができるかという話ですが、１００パーセントこのタイプの人は、この文章を読んでも自分のことだとは気がつかないでしょう。自覚がないのですから、直すのは困難です。

ただ、「自分にも馬耳東風型の気がある」「何パーセントかは馬耳東風型がまじっているかな」というレベルならば、いくらでも改善はできます。

1つは、**他人の話をじっくり聞く訓練をする**ことでしょう。なにかを決めるときには、相手も馬耳東風型だといけないので、**少なくとも二人以上の話を参考にする**ことが大切です。

報告書や企画書を提出するときは、自分が書いたものをそのまま出すのではなく、**事前に同僚や友人にチェックをしてもらう**といいでしょう。そのときは、「ただ修正しておしまい」というのではなく、どこを直されたか、何がいけなかったかをよく確認して、次の機会に生かしてほしいと思います。

一方、周囲に「馬耳東風型」の人がいたら要注意です。冒頭で述べたように「○○さんも同意していましたよ」と言われたら、おかしな問題に巻き込まれる恐れもあります。「話は聞いたけれども、同意していない」と反論しても、水掛け論になってしまいます。

そのときの対処法は、落雷型を相手にするときと同じです。**重要な話をするときは、必ず第三者に立ち会ってもらう**。そして、**決めたことは文書にして残す**こと。メールでのやりとりは、同報（ＣＣ）メールにして、第三者にも見てもらう工夫が必要だと思います。

そうすれば、いざというときには自分の立場を証明できますし、第三者に「○○さんは反対していましたよ」と訂正してもらうことができます。とにかく、味方をつけて対処することが大切です。

（6）お殿さま型——下々の痛みや苦しみが理解できない

他人の気持ちを考える習慣がなく、相手の立場に立って考えることができないタイプです。一種の「馬耳東風型」なのですが、考えている感覚が周囲の人からかけ離れているのが特徴です。経済的に豊かな家庭で甘やかされて育てられた人にありがちなタイプです。

ですから、下々のことがよくわからないということで、「お殿さま型」と名付けました。女性ならば、「お姫さま型」と読み替えてください。

たとえば、お世話になった外国の友人が遊びにきて日本を案内するとしましょう。南の国から寒い季節の日本にきた人ならば、道中寒くないようにと気を配るのが普通でしょう。でも、このタイプの人は、相手のことを思いやることができません。それよりも、どこに行けば自分が楽しめるかということばかり考えて、うきうきしています。プレゼントを贈るにしても、相手が欲しがりそうなものより、自分が欲しいものを選んでしまうのです。

プレゼントくらいならばまだ罪はありませんが、財産や生命が関わってくると大変です。「貴人は情を知らず」（尊い人は庶民の人情・悩み・痛みがわからない）という言葉がありますが、実際、お殿さまやお姫さまは、一般庶民が考えもしないことを平然とやってしまう傾向にあります。

部下に迷惑をかけても悪気がないのが特徴

徳川の最後のお殿さまも、1868年に起きた鳥羽・伏見の戦いにおいて、まだ幕府軍の兵力が十分に残っていて、本気になれば勝てたかもしれないにもかかわらず、やや形勢が不利になりかけているとみるや、部下を置いて老中たちと江戸に逃げ帰ってしまいました。

これに象徴されるように、現代においても「お殿さま型」の人というのは、おっとりとした気質で素晴らしい人なのですが、**決断力や判断力に大きな欠陥があって、部下にとん**

でもない迷惑をかけることがあるのです。

しかも重大なのは、**本人に悪気がない**ことです。幼いころから周囲にちやほやされて、自分がやることは、すべて肯定されて生きてきたからなのでしょう。それ以外の価値観がないのですから、たとえ周囲に迷惑をかけていても、「これでいいんだ」という思い込みが強くなるのかもしれません。

ごく一般的な人ならば、意図的に都合の悪いことは聞かないことがあるかもしれませんが、そうそう常識に外れた行動を起こすことはありません。でも、お殿さまやお姫さまというのは、庶民とは考えているレベルが違っています。とくに、一般庶民の人情や「痛み」というものがわからないというのがつらいところでしょう。国の指導者にも、ときにこういう人が現れますが、庶民のことを考えないものですから、たいていうまくいきません。

こういう人が上司になったら、部下は大変です。若い知り合いが勤めている会社にも、そういう上司がいるそうで、理不尽な仕事を部下に押しつけておいて、自分だけは定時に帰るのだそうです。あげくのはてに、「残業しなくては仕事が終わらないというのは、本人のデキが悪い証拠だ」とうそぶいているのだとか。

同じように上の立場にある人でも、「馬耳東風型」と「お殿さま型」とでは、部下の被害度が大きく違ってきます。「馬耳東風型」の上司ならば自分だけで完結することが多く、部下に迷惑をかけるといっても、部下としては「文書にしておく」「第三者に証人になってもらう」といったように、まだ対応のしようがあります。ところが、「お殿さま型」の上司となると、もうレベルが違いすぎて、対処のしようがないのが現実といってよいでしょう。

居酒屋で「お殿さま」の悪口を言い合うのも悪くない

では、お殿さま型の上司や知人に対しては、どのように付き合っていけばよいのでしょうか。それは、**ある程度の距離感を保ちながら接する**よりほかないような気がします。

同類相憐れむではないですが、**被害を受けた同士や、まわりで困っている人たちがお互いに話をしてストレスを解消する**のがいいかと思います。被害者はけっして一人ではないでしょうから、周辺の人たちとうまくコミュニケーションを取り合うことで、被害を避けることもできるでしょうし、万一被害にあったときは、精神的なダメージから逃れられるかもしれません。

集まったみんなで上司の悪口を言い合うというのも、私はいいと思います。ひどく理不尽なことがあったとしても、立場上、直接その人に言えない場合、同じ被害を被っている部下同士で酒を飲みながら、言いたいことを吐き出す。そうすれば、「ああ、この人も同じことを感じているんだな」という共感が得られるでしょう。

お互いが共感することで、被害者同士の情報交換ができるようになり、なんらかの解決策につながるかもしれません。

一般的には、居酒屋に行って会社の上司の悪口を言うなんて、みっともないからやめるべきだという論調の本が多いのですが、私は必ずしもそうとは思いません。大声を出して周囲に迷惑をかけることさえなければ、きちんと吐き出すのは精神的にいいことでもあると思います。情報交換していくうちに、もしかしたらその上司のいいところも見えてくるかもしれません。

もちろん、お酒が苦手な女性だったら、スイーツを食べながらの女子会でもいいでしょう。とにかく、**溜め込まずにいったん外に出すのが大切**です。ある程度の規模の組織ならば、何年かすれば異動になります。それまでの辛抱です。

なお、「自分にもお殿さま型の要素はないか」を考えるのは、非常にむずかしいことです。

そんなことはまったく気にかけないのが、このタイプの特徴だからです。ですから、それが「気になった」人は、天然自然の筋金入りのお殿さま型ではないはずで、「基本的には安心して、しかし気にしつづける」のが最善だと思います。

多くの間違いと同じで、気にかけてさえいれば、そこから多くの収穫や進歩、改善も期待できるからです。

（7）即物思考型――抽象的なことを考えるのが大の苦手

抽象的な思考が苦手な人、ものごとを一般化して考えるのが不得意な人が、このタイプに入ります。よく言えば現実的なのですが、悪く言えば考えに深みがないというイメージです。

また、数学が苦手な人や嫌いな人に、このタイプが多いといって間違いありません。なぜなら、算数や数学というのは、現実的なことがらを抽象化したり一般化して考える学問だからです。

大昔の「綴り方（作文）」に、こんな話がありました。「１人が１食に１合半のお米を食べると、4人家族で1カ月にはどれくらいのお米がいるでしょうか？」という宿題が出されました。もちろん、答えは「1・5合×4人×3食×30日」なのですが、それがわからない娘さんが、家でお母さんに聞いてみた。すると、お母さんは、「うちじゃ、そんなにたくさんお米なんか食べてないよ。どうして学校じゃ、そんなくだらない問題を出すのかね」と怒ってしまったというのです。

このお母さんは、現実に則していないと受けつけないタイプなのでしょう。100パーセントに近い、かなり純粋な「即物思考型」と言っていいかもしれません。

小学生のつるかめ算で「つるとかめが合わせて10匹、足が合わせて24本あります。それぞれ何匹いるでしょうか」という問題にも、「つるの足とかめの足と、全然違うじゃないの。どうしてそんなものを足すの？」と腹を立てる人がいるそうです。よく考えてみるともっともな話で、平気で足していた私は、鈍感すぎるのかもしれません。

逆に言えば、算数や数学に強くなる秘訣というのは、こうした「具体性をまるで欠いている問題を、平気で考えられる鈍感さ」にあると言ってよいかもしれません。

丸暗記をするだけでは応用がきかない

「即物思考型」の陥りやすい間違いは、意味を考えずに丸暗記しようとすることにあります。一般化が苦手なために、ちょっと事情が変わると応用がききません。そこで、片っ端から覚えることで、応用力のなさを補おうとするわけです。

しかし、暗記に頼ってばかりいて意味を考えていないために、何回間違えても正解に届きません。間違いが糧にならないのです。

あるとき、大学の授業で、$x=7$が正解になるような問題を出したことがありました。そして学期末の試験で、同じタイプの問題ですが、文字と数字をちょっとだけ変えて、$y=4$が正解になる問題を出してみました。すると驚いたことに、答案用紙に「$x=7$」という答えを書いた学生さんが複数人いたのです。

試験問題には、xという文字はどこにも出てきません。しかし同じタイプの問題で、授業で習った方法を理解していれば、同じ手順で$y=4$という答えを導けるはずで、計算はむしろ試験問題のほうがやさしいはずでした。

実際、大多数の学生さんは解き方を理解し、正解を導いていたのですが、何人かが答えを丸暗記し、問題文を読んで「ああ、同じタイプの問題だ」と判断した……ところまではよかったのですが、そのあとに文字や数字が変わっていることは無視して、暗記した答えを書いてしまったのでしょう。大学で50年近く教えてきた私ですが、こんな答案はごく最近まで見たことがありませんでした。

応用が苦手だからといって、意味を考えないで丸暗記してしまうと、「違う問題に暗記した答えを書いてしまう」という、実に驚異的な間違いをやりかねませんし、間違えてもそれをきっかけにして「理解する」という方向には進めません。それどころか、ますます応用ができなくなるという悪循環を招いてしまうのです。

抽象的な思考を助けるために具体的な例と結びつける

こんな例もありました。小学校の算数でつまらない指導をする先生がいて、こう教えるのです。

「『合わせる』といったら『足し算』、『分ける』といったら『割り算』を使いましょう」

一方、教科書にはこんな問題がありました（典型的な問題の1つです）。

「キャラメルがたくさんあります。4人の子どもに2つずつ分けるには、いくつ必要ですか？」

答えは4×2なのですが、文章に「分ける」と書いてあるから、生徒は「割り算」だと思ってしまう。引っかかって、4÷2としてしまう生徒が続出しました。

意味を考えることをせずに、つまらないノウハウを暗記したことで間違いを招いてしまったのです。これは、先生の教え方がマズかったというしかありません。

小さな子どもは抽象的な思考が苦手です。そこで、足し算や掛け算を導入するときは、具体的な「りんご」や「お皿」などを使って教えるわけです。さきほどのケースのように、掛け算にするか割り算にするか迷ったときには、絵を描かせるといい場合が多いようです。

具体的なイメージによって、抽象的な思考を助けるわけです。

これは、小学生だけではなく、大人の場合でも当てはまります。「ある抽象的な概念を定義するときには、それがなんの役に立つのか、具体的な例と結びつけて教えなさい」というような話をしてくれた人がいました。どんなに高尚な話であっても、なにか具体的なものと結びつけないと人間はわかったような気がしないからです。

その一方で、具体的なものだけでは数学になりません。計算をするたびに、「りんごが1つ、みかんが1つ……」では、応用がききません。じゃあ、トマトならどうなんだ、人間ならどうだ、日付なら、電圧ならば……と迷いだすと、なにもできなくなってしまうからです。

どんなものであっても同じ計算式で解決できるよう、りんご1つを、いつかは「1」という抽象的な記号にしないと、数学は始まらないのです。

具体例と反例を考えることによって抽象的な概念をつかむ

一方、私が教師として学生にくり返し言っていたのは、「**抽象的な定義を聞いたら、わかりやすい〝具体例〟と〝反例〟を自分でつくってみなさい**」ということでした。

あまり複雑な具体例ではつくりにくく考えにくいし、そうかといって簡単すぎても意味がないので、自分で考えやすい「手頃な具体例」をつくれるといいのです。また、**〝反例〟というのは、「具体例に似ているけれども、定義に当てはまらないもの」という意味**です。

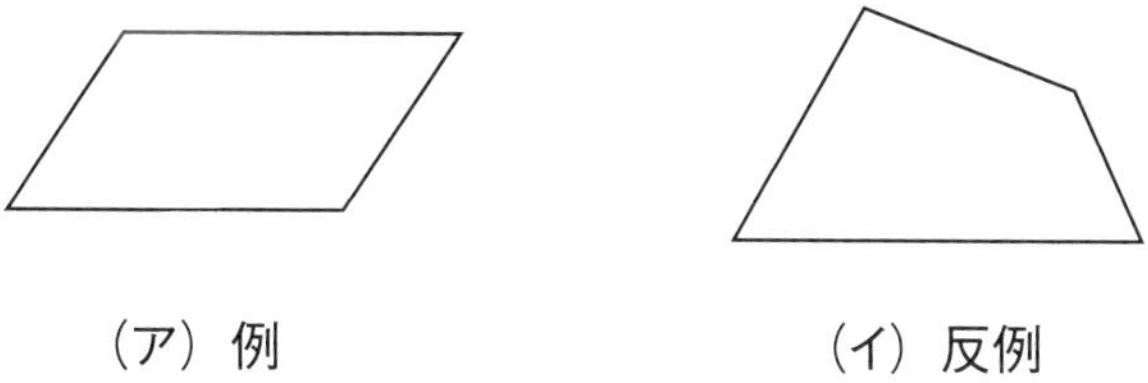

［図４］例と反例　平行四辺形の場合

「平行四辺形」であれば、図４のような（ア）典型例と（イ）１つの反例を思い浮かべるだけで、イメージが強化できるでしょう（台形もよい反例になります）。

もう少しむずかしい「例のありがたみ」がわかりやすい例として、一時さかんに教えていた「オートマトン理論」というのがあります。オートマトンというのは、自動的に働く機械のモデルで、入力と出力があるものです。とはいっても、入力を決めれば出力が決まるという単純なものでなく、機械が「内部状態」というものをもっていて、内部状態に依存して出力も決まってくるのです。

コンピュータもその１つですが、複雑すぎてわかりにくいために、よく具体例として取り上げられたのは、自動販売機でした。

自動販売機は、お金がいくら投入されたかによって反応が違ってきます。たとえば、１１０円の飲み物を買うときに、最初に１００円入れただけでは、ボタンを押してもなにも出てきません。ところが、もう１００円か１０円を入れてボタンを押すと、ガチャンと品物、あるいは品物とおつりが出てくる。これがオートマトンの具体例です。

反例というのは、たとえば、「入力と出力はあるのだが、入力を決めても、出力が決まらない」というものです。「壊れた自動販売機」で、「お金を入れても、品物とおつりを正しく出すとはかぎらない」ものがあれば、それはオートマトンの〝反例〟になります。

オートマトンの抽象的な定義を聞いただけで理解できる大学生は、ほとんどいないでしょう。でも、具体例として自動販売機を示すことができれば、理解は一気に進みます。さらによい反例を示すことができれば、それが概念の「限界」を教えてくれるので、さらに理解が深まるわけです。

では、「即物思考型」の人といっしょに仕事をしなければならないときには、どんなことに注意すればいいでしょうか。相手にわかってもらおうと思ったら、小学校の先生のように、「相手のレベルに合わせて、適切な具体例で説明する」のが一番です。

「わかる」ということができる人でさえあれば、一度わかれば、そのことについては具体例を二度以上くり返さなくても、大丈夫です。

ただ、「わかる」ということができない相手だと、毎回「こうすればよいという、具体的な手順」を理由抜きで説明しなければならないので大変でしょうね。

この章では、自分のことを棚に上げて、間違いを犯しやすいタイプを7つ挙げて説明をしてきました。自戒を込めて、とくに言っておきたかったことは次の2つです。

- **「自分だって間違っているかもしれない」という発想を、つねに頭に置いておくこと**
- **人の意見を聞くときには、「この人は何を言いたいのか」と理解しようとすること**

この2つを心がけるだけで、間違いを犯すことが少なくなることが期待できます。

7つのタイプのどれについても、100パーセント近く当てはまるというのは、相当面倒な人になるでしょう。でも、私を含めた普通の人間は、「時には落雷型の要素があるかな」とか「たしかに、めだかの学校型のときもあるよな」という感じで、いくつかのタイプが「ごくわずかずつ複合している」ことが多いのではないか、と思います。

ですから「それぞれのタイプの注意点」も、そっくりうのみにする必要はないので、気に入った部分や「なるほど」と思った部分だけを参考にしていただければよいと思います。

ここでも、「丸暗記」よりは「趣旨がわかるとよい」ことが、とても大事なのです。

「さらなる対策」については、のちの章でとりあげていきましょう。

第3章

「間違えること」の意義

——考える力を養うために

言葉を知ってわかった気になる危うさ

ずいぶん前に、画家の安野光雅さんが、新聞におもしろいことを書いていました。

安野さんが友人たちと山に登ったときのこと。誰もが似たような経験はあると思いますが、周囲の山並みが見渡せる場所に着くと、どうしても山の名前を知りたくなってきます。そこで、「あの山はなんていうの？」と聞くと、物知りの友人がすぐに「あれは剣岳」などと名前を教えてくれるわけです。そうすると、名前を聞いただけで、なんとなくその山がわかったような気になってしまう、と言うのです。

でも安野さんは、それは非常に危いことだと言います。本当に剣岳というものを知るためには、頂上まで登らないまでも、せめて近寄っていって、どんな花が咲いているのか、どんな木が生えているのかといったように、ある程度は感性と結びつける必要がある。それで、はじめて「わかった」と言えるのではないか、というわけです。

私も同感です。私たちは、対象とするものの実体を理解していないのに、ただ名前を聞いただけで、わかったような錯覚に陥ってしまうのです。

似たような話を、植物が大好きなある先生が、雑誌に書いていました。

〈ハイキングに出かけると、ふつうの人は名前も知らない野の花が、あちこちに咲いているのが目に入ります。私がそんな花を観察していると、通りかかった人によく声をかけられます。たいていの場合、「それはなんという花ですか？」と聞かれるので、名前を教えてあげると、「ああ、そうですか」と言って、そのまま行ってしまうです。〉

その先生としては、「もう少しその花を見てほしい」と思うのに、ほとんどの人は名前を知っただけで満足してしまうのです。

この話には続きがあります。その先生は、グループでハイキングをしていると、きれいな花を見つけるたびに、ついつい寄り道をしてしまうものだから、たいてい後ろのほうになってしまいます。

あるとき、先行した人たちが珍しい花を見つけて、「この花は何だ？」という論争がはじまったのだとか。誰も知らないので、先生の到着を待ちながら「この花の形はおかしいね」「弁が3つまでこうなっているのに1つは形が違っているよ」と観察をしていたのです。

これは、非常に示唆に富んだエピソードだと思います。もし、先生がすぐ近くにいれば、きっと名前を聞いただけでわかったつもりになり、それっきりになっていたことでしょう。ところが、先生に名前を聞けなかったことで、みんなはじっくりと観察して、それぞれの発見をすることができたのです。

「答えを与えられなかったために、むしろ理解が深まった」といういい例でしょう。

学校は「間違い」が許される場所

私が国際基督教大学（ＩＣＵ）で教えていたとき、学生に対して答えのない問題――ただし、問題自体は非常にわかりやすい問題を、次々と出したことがありました。１つだけ例を挙げてみましょう（以下、私の旧著『逆説論理学』中公新書１４８ページより引用）。

〈ラ・マンチャの騎士ドン・キホーテのたった一人の従者サンチョ・パンサは、さる奥方のいたずらで、ある島の太守にされてしまった。そしていろいろな裁判をもち込まれて、なかなかの名判決をくだしてゆくのであるが、最後にあるよそ者が次のような難問をもち込んできた。

ひとつの大きな川が、ある領主の国をふたつに分けていた。その川にひとつの橋があり、橋のたもとに絞首台と裁判所があって、領主の掟に従って裁きをしていた。その掟というのは、こうである。

「この橋を渡る者は、どこに行って何をするのか申し出ること。その申し出が真実なら、そのものを通行させる。偽りの申し出をした者は、隣の絞首台で、偽りを述べたかどで、絞首刑にされ、罰を免れることはないであろう」

ところがある日やってきた旅人が、こう言ったのである。

「私はその絞首台で、絞首刑になるために参りました」

番兵は困ってしまった。この男を黙って通してやれば、この旅人が言ったことはウソになる。だから処刑しなければならない。しかし処刑してしまうと、この旅人は真実を言っていたのだから、何もしないで通してやるべきだった、ということになる。どちらにしても、番兵の落ち度になりかねない。そこで新太守サンチョ・パンサ様のご意見をお伺いしたい次第である。〉

すると、当時の学生たちはおもしろがって、授業に積極的に参加してくれたのです。そして独創的な解答や大胆な解答を、次々と寄せてくれました。私が気に入った答えをごく一部だけご紹介しますと、たとえば次のような答えです。

①さっさと処刑して、口をつぐむ（後世にパラドックスを残さない）。
②この法律による死刑はできないが、親切として、受託会社の手によって処刑する。
③「絞首刑」という名前をつけて（絞首刑にして）、釈放。
④こんな法律をつくったものを処刑し、旅人を法務大臣に任命する。
⑤中間をとって、「半殺し」はどうでしょう。

私は「これはユーモアのある答えだ」と思って、解答⑤を次の週に紹介したら、予想どおり爆笑が起こったのですが、発案者は「笑われた」と落ち込んでしまったので、気の毒なことをしました。

ところが、それから10年もたったころには、同じ問題を出しても反応がまったく変わってしまいました。

のです。

「先生、答えを知っているんでしょう？　早く教えてください」という学生が増えてきたのです。

「答えなんてどうでもいい。自分が答えだと思ったことを書いて、理由や説明を書くことが大切。その理由や説明に説得力があれば花丸。それが中途半端なものだったら△。答えじゃなくて、理由と説明のほうが大事なんだ」

懸命にそう伝えたのですが、それが通じない学生が多くなってしまいました。たぶん、「点数がすべて」という時代の潮流が、ＩＣＵのようなユニークな学生が多い大学にも、ついに押し寄せてきたのでしょう。

点数中心主義で怖いのは、理由がわからなかったり、推論の過程が間違っていたりしても、答えが合っていれば点数をもらえることです。学校では、それでなんとか通用しますが、社会に出るとそうはいきません。状況判断や手段を間違えたために、致命的な失敗を犯す恐れがあります。私は、そこを一番心配しています。

学校で勉強している間は、いくら間違えても、「致命的な間違い」はありませんが、社会に出てからは、一発でクビが飛ぶような間違いだってありうるのです。

点数中心主義の学生さんたちが、自分の間違いに気づかないまま社会に出る――ていねいに言えば、「**小さな間違いに気づき、対策を考える**」とか、「**大きな間違いを防ぐ手段をあらかじめ考えておく**」**という経験をまったくせずに社会に出てしまうのは、本人にとってても社会にとっても、非常に危険**なことです。

学校というのは、間違えても許される場所です。社会に出てから大きな間違いをしないように、訓練する場所だと言ってもいいでしょう。だからこそ、学校にいるときは、どんどんと間違えてほしいのです。

ところが、すべて「点数で評価する」ことに慣れてしまうと、「間違えること」は「点数が下がること」であり、それは「悪いこと」という意識になってしまいます。しかし、**本質的な理解を深め、本人の能力を高めるには、間違えることが欠かせない**のです。間違えることによってさまざまなことを学び、社会に出たら間違えないで済むようにするわけです。

「間違えさせる授業」で考える癖をつける

とくに小学生のうちは、点数をとらせることよりも、さまざまな間違いを体験させることのほうが、有意義だと私は思っています。それは中学、高校でも通用するはずです。

高校生に対して、わざと間違えさせるような、おもしろい数学の問題があります。「直感的にはこうに決まっている、でも正解は違っている」という問題です。

3つのイカサマ・サイコロを使った問題もその1つ。普通のサイコロは、立方体に1から6までの目が記されていますが、その目を変えてしまうのです。たとえば図5のようなイカサマ・サイコロを3つ用意して、A、B、Cと名前をつけたとしましょう。

このようなサイコロの組み合わせは、アメリカの統計学者B・エフロンが思いついたものです（ここで示すのは私が工夫した修正版）。

2人でAとBを振って、「大きい目が出たほうが勝ち」というルールで勝負をすると、Aの勝つ率がはっきり高くなります（確率的・平均的に、2対1の割合でAが勝ちます）。BとCでやると、Bの勝つ率がはっきり高い。そこまで実験でたしかめて問題を出します。

「それでは、AとCで勝負をすると、どちらの勝つ率が高いでしょうか？」

これにはほとんどの人が、「Aに決まっている！」と答えるでしょう。

ところが、実際にやってみると、Cのほうが勝つ確率が、Aよりわずかながら高いのです。もちろん、勝ったり負けたりはあるのですが、平均するとCの勝率は「9分の5」で、

[図 5] 標準のサイコロとサイコロ A・B・C の6つの面の目の数

標準	1	2	3	4	5	6
A	1	1	5	5	5	5
B	3	3	3	4	4	4
C	2	2	2	2	6	6

半分よりちょっぴり大きいのです（平均90回中50回の割合で、Cが勝つ）。

「明らか」と思える予想が、間違っていました。そうやって間違えさせておいてから、「じゃあ、どうしてそんなことが起こるんだろう？」と言って確率の話をはじめると、みな真剣に聞いてくれて、理解が進むのです。

こうした「わざと間違えさせる授業」は、小学生くらいの年代にはとくに効果的でしょう。大学生になると「間違いはいけないことだ」という意識が強くなってくるのか、傷つく学生も多くなって、少々やりにくくなります。

それはさておき、こうした**間違いをいくつも体験しておけば、間違いを怖がらずに、分析して自分で考える癖もついてくる**はずです。

「難問・奇問」こそ、考える力を養う

以前、大学入試の数学の問題でよく話題になったのが、いわゆる「難問・奇問」です。普通の受験生では、とても解けないようなむずかしい問題や、ちょっと奇をてらったような問題があると、すぐに新聞やテレビに取り上げられて、「こんな問題を出すとはけしからん」と叩かれたものです。

ところが、最近ではそうした「難問・奇問」の話をあまり聞かなくなりました。その大きな理由が、今でいう「センター試験」（当初は「共通一次試験」）の導入にあります。

当時、文部省（現・文部科学省）は各大学に対して、難問・奇問のたぐいは出題しないようにと要請していました。「教科書を普通に勉強すれば、誰でも解けるような問題を出せ」というわけです。ただ、すべての大学がそういうレベルの問題をつくるのはむずかしいだろうということで、センター試験が始まったのです。

しかし、これを受け入れたことは、大学側の大失敗だと私は思っています。というのも、「教科書を普通に勉強すれば、誰でも解けるような問題を出せ」ということは、裏を返せ

ば「考えないと解けないような問題は出すな」ということだからです。

高校の指導要領にもとづいて、無理なく解ける問題を出すのですから、出題のパターンは限られてしまいます。そこが受験業界にとってありがたいことで、「これさえ覚えておけば、合格点は取れる」という受験技術を開発します。そのため、受験勉強は「問題を読んで考える力を養う」のではなく、「問題のパターンを暗記する」ことばかりに力を注ぐようになってしまいました。

暗記力が重要になると、考えている時間はありません。とにかく試験に出そうなパターンの問題を解く手順を、ひたすら覚えなくてはならないのです。

予備校のある先生が嘆いていました。その先生は、過去の入試問題で、かなり変わったタイプの問題を授業で取り上げたことがあるそうです。そうした問題もやっておけば力がつくし、なによりも数学に興味をもつのではないかと考えたためです。

ところが、最近の受験生は「先生、そんな問題をやっても、普通の入試には出ないでしょう」と不満の声を上げるというではありませんか。生徒のほうが受験のプロみたいになってしまいました。

昔は、こうした問題にも食いついてくる受験生が多かったのですが、最近はほとんどいなくなってしまったというのです。理由は、多くの予備校で「そんな問題に時間をかけるのはムダだから捨てなさい。他の問題でしっかり点数を取ったほうが有利だ」と指導しているから、だそうです。

京都大学の数学では、一時は一題だけ難問を出していました。しかし、それを選ぶ受験生が減ってきたので、「じゃあ、その問題を選んだ受験生を優遇しよう」という声も出たそうです。「たとえ、ほとんどできていなくても、その問題を選んだことに対して、高い点をつけてやろう」という案まで出たそうですが、「さすがに、それもどうか」ということで、結局採用されず、ついに「難問を出すのをあきらめた」のだそうです。

勉強をするのは、テストでいい点を取って「自信をつける」ためではありません。「考える力をつけ、社会に出てから初めて出会う問題にもきちんと取り組んで、解決できるようにする」のが標準的な目標でしょう（楽しみのために修練を積む、芸術家や数学の研究者は別です）。そのためには、やさしい問題をいくら解いてもあまり役に立たないので、「難問」を解かないと本当の力はつきません。

ついでながら、アメリカで有名な「ビル・ゲイツの問題」（マイクロソフト社の入社試験問題）には難問・奇問が多く、暗記ではとうてい突破できません。また、あるアメリカの大学の入試で、次のような問題が出されたことがあるそうです（出典：井上ひさし『ふふふ』講談社文庫、31ページ）。

〈ここにあなたの一生を書き綴った一冊の伝記があって、その総ページ数は三百頁である。さて、その二百七十頁めにはどんなことが書いてあるだろうか。その二百七十頁を書きなさい。〉

これでは「暗記」のしようがありませんね。しかしこういう問題こそ、受験生の性格・考え方・考える力と「論理的に説明する力」がはっきり表れるよい問題と言えるでしょう。

フランスの大学入学資格試験（バカロレア）にもおもしろい問題が出ます。そもそも試験時間が「1科目3時間」ですから、数学でもけっこうむずかしい問題が出ます。むずかしい問題を、高校で習う知識で解けるように、「ヒントつき」で出すこともあります。

その一方で、日本では数学にかぎらず、せっかく勉強に興味をもっても、受験に関係ないからやらないという考え方が主流になっているようです。今では受験生どころか大学生までそういう考え方に染まり、「これが就職してから役に立つんですか？」と聞いてくる学生もいます。アメリカでも「学生が理論的なことより、お金になる（monetizable）知識をほしがる傾向が強くなった」と嘆く先生がいました。

受験や就職に直接関係なくても、興味をもてることを見つけて、それを勉強していけば、そのうち「わかった！」というレベルに到達できるでしょう。特に理系の場合、後で役に立つのは「すぐに古くなってしまう知識」ではなく、「基礎理論がわかっている」ことなのです。目先の点数ではなく、もっと長い視点をもってほしいと思います。

大学入試までなら「覚える」ことで解ける

残念ながら、世の中では、「考える」ことよりも「覚えている」ことのほうに価値があると受け取られているようです。

たとえば、テレビのクイズ番組で、早押しクイズというジャンルがあります。そこでは、じっくり考えていては勝てません。100分の1秒でも他人よりも早く答えを出さなくてはなりませんから、内容を深く理解している人よりも、たくさんの言葉を暗記して、すばやく間違えずに答えられる人が勝者となるわけです。

ゲームだと思って見ていればかまわないのですが、世間ではどうもそうした早押しクイズの優勝者——つまり、暗記力のある人こそが、能力の高い人のように評価されています。でも、それはちょっと違うのではないかと思うのです。

正直なところ、暗記だけで通用するのは、大学入試くらいまででしょう。高校の勉強は文部科学省の指導要領に縛られていますし、大学入試はさきほども書いたように、「まじめに勉強している子なら、必ず解ける問題を出せ」という文部科学省からの圧力がありますから、試験問題のパターンがかなり限られています。

さらに、その対策として、「これだけ覚えていれば、満点は取れないが70点以上は取れる」という入試の指導法もあるくらいですから、そのくらいならば大学入試の数学も暗記力で突破できそうです。そして、考えるトレーニングをしないで大学に入った学生は、そのまま暗記中心の勉強を続けて大学を卒業することになりがちです。

つまり、「知識はあるけれども、わかっていない」まま、社会に出るわけです。それでは、きちんとした仕事はできません。現実社会の問題は、「文部科学省の縛り」など受けていませんので、思いも寄らない難問・奇問が次々に襲ってきて、手も足も出ないことになってしまうのです。

ネットの普及で暗記の価値は下がってきた

「暗記」という勉強方法は、「スポ根」に似ていると私は感じています。一昔前のスポーツのコーチのように、「根性」を最高の価値観として指導するところに共通点があると思うのです。

以前のスポーツ界の「根性が足りない！　死ぬ気で走れ」は、今の受験業界の「根性が足りない！　死ぬ気で覚えろ」に似ていますし、「がんばればきっと勝つ！」は「がんばればきっと大学に合格する！」に、そのまま置き換えることができます。

なぜ、そんな指導法になるのかというと、教える側にきちんとした方法論がないからにほかなりません。理屈がないものだから、そうした強引なやり方になるのでしょう。「もっと覚えろ！」「もっと走れ！」という教え方だったら、誰だってできます。能力がない教師やコーチでも教えられる便利な方便なのでしょう。要するに、暗記や根性を強調するというのは、教える側にしてみれば、このうえなく楽なやり方なのです。

なお、スポーツに関する教育は、最近になってずいぶん進歩したそうです。根性論の代表だった「水を飲むな」「うさぎ飛び１００回」といったやり方は、無意味どころか体に悪いということが科学的にわかり、今では姿を消しています。

もう少し具体的な例を紹介しましょう。少年野球においては、一塁に出塁したときに、ベースからどのくらい離れればよいかというのはむずかしい問題です。チャンスがあったら二塁に走れるようにリードを多めにとるべきですが、かといって離れすぎると、投手からの牽制球でアウトになる恐れがあるからです。

以前は、それも根性でしか教えていませんでした。「隙を見て走れそうだったら走れ！」「牽制球に気をつけて離れすぎるなよ！」と言うのですから、なにも教えていないのと同じでしょう。それでいて、牽制球でタッチアウトになっても、盗塁のチャンスを逃しても、ひどく監督やコーチに怒られたのです。

そうしたことも、今では理屈で教えるようになっています。それも、たとえば「三歩までリードを取れ。そうすれば盗塁のチャンスも増えて、牽制球でも戻れる」というようにわかりやすく教えているのだそうです。

学校の勉強でも、受験勉強でも、同じことだと思うのです。「こういうパターンの問題は、この解き方を覚えなさい」と丸暗記させるのではなく、もっと本質的なことがらを学生や生徒にも理解できるように教えることが必要でしょう。

ところが、おもしろいことに、スポーツの世界で根性の価値が下がってきたのに続いて、学問の世界での暗記力の価値も急速に下がっています。そのきっかけになったのが、インターネットの普及です。

以前は、ネットなどというものがありませんから、情報や知識をたくさんもっていて、その場で素早く披露できる人がもてはやされたわけです。たとえば、歴史的な事件が起きた年号をたくさん知っている人は、それだけで〝頭がいい〟と思われていました。

でも、今ではそうした年号もむずかしい専門用語も、手元のスマートフォンやタブレット端末で、あっというまに検索できてしまいます。今後、さらにその傾向は強まっていくでしょう。それに応じて、単に言葉や数字を暗記することの価値は、ますます下がっていくことと思います。

これから重要になるのは、インターネットやコンピュータではできないことです。それは、**「考える」ことであり、「本質を理解する」こと**なのです。

さらに、インターネットで得られる知識・情報に、不正確なものが多いこともよく知られています。ですから、いろいろな情報を比較して、「正しい判断を下す」ことが必要に

なります。その点は高校の「情報」の教科書でも触れてはいるのですが、

①通信エラーやソフトの不具合にかかわる、機械的な「信頼性」

②内容についての「信ぴょう性」

という言葉を紹介しているだけで、「どうすれば信ぴょう性を判断できるのか」はなにも書かれていません。しかし、「信ぴょう性を正しく判断できる」力を育てるのは、人の一生の問題で、こんなキーワードを覚えることは、くだらないテスト以外、なんの役にも立ちません。せめて「情報の文字列（形）を見るだけでなく、その意味を考えなさい」ぐらいのことは教えるべきだと私は思うのですが……。

考えて考え抜くことで解決することがある

ではなぜ、「暗記すること」よりも「考えること」のほうが、それほどまでに重要なのでしょうか。

「いくら考えても、あまりの難問・奇問で答えが出ないのでは意味がないのではないか」

こんな反論があるかもしれませんが、そうではありません。社会に出れば、正解のない問題にいくらでも直面します。そうした場面では、**答えを出すことよりも、むしろ考える過程が重要**になってきます。**たとえ正解がなくても、考えに考え抜くことで、少しでもよい解決策を選べる可能性がそれだけ増えていく**からです。

我田引水のように聞こえるかもしれませんが、じつはこの「考えに考え抜く」ことを数学者は得意としています。ドイツのある大学の先生は、企業で採用を担当している友人（部長さん）から、次のような話を聞いたことがあるそうです（E・ベーレンツ『（続）5分でたのしむ数学50話』鈴木直訳、岩波書店、36ページ）。

「数学科の卒業生の一番いいところは、与えられた問題が解けるまで、何週間でも必死になってかじりついているところですね」

1つの問題に対して粘り強く考えるという資質は、就職してから訓練してもなかなか身につくものではありません。その点、数学科の卒業生というのは、学生のときから必死になって粘り強く考えることに慣れているのです。

そして興味深いことに、「**大きなひらめき**」**というのは、必死になって考えて考えて、**

考え抜いたところでやってくるのです。

落雷型の人たちの無責任・無造作な「ひらめき」とは違って、研究者レベルでのすばらしい「ひらめき」には、準備が必要です。ぼんやりとしていたときに、パッと訪れるように思っている人が多いかもしれませんし、外から見ると「そのように見える」かもしれませんが、実はそうではありません。

心理学的にも、粘り強く考えることとひらめきには、深い関係のあることがわかっています。実際、むずかしい問題を必死になって考え続けて、どうしても解けないときがある。そんなとき、しばらくその問題を忘れていると、あるとき突然に「ふっと解ける」ことがあるのです。

その方面（発見学）の専門家によれば、世の中の大発見とか大発明というのは、そうした例が多いそうです。問題を必死に考えているときは、脳のうちで意識の世界を司っている領域でその問題を処理しているのですが、ある時点で一時中断すると、意識を司る領域は処理をやめてしまいます。

しかし、「ある期間、集中的に深く考えた」あとでは、無意識の世界を司る脳の領域は、同じ問題をずっと考え続けてくれるのです。そして、無意識の領域のほうが、「常識」や「先入観」の縛りが弱いので、それまで考えをめぐらしていなかった範囲まで、潜在思考が広い範囲をうろうろと動きまわります。つまり、「猫のお化粧型」から脱却しやすいのですね。そうした状態がしばらく続いたのち、「あっ、もしかしたら、これじゃないの！」という発見に行き当たると、その発見がスッと意識の世界に浮かび上がってくる。これが「熟考のあとのひらめき」の正体だそうです。

数学者の間で有名な「ひらめき」の1つに、「ポアンカレ予想」で一時テレビでも取り上げられたフランスの大数学者アンリ・ポアンカレ（1854〜1912）のエピソードがあります。

彼には長い間考えてどうしても解けない問題があって、しばらくそのことを忘れていました。ところが、ある日、旅行に出ることになり、馬車に乗ろうと足を踏み出した瞬間、「あの問題は、昔やったことのある問題と同じ構造じゃないか！」とひらめいたのだそうです。そして旅先の宿屋に着いてから、計算してみたところ、そのやり方で解けたのです！

こうしたエピソードから、ひらめきをつかもうと思ったら、無意識の世界を司る脳の深層部分までうまく使うことが大切だとわかります。そしてそうするためには、**意識のレベルで必死になって、ある期間、集中的に粘り強く考える必要がある**のです。

もちろん、簡単な問題ばかり考えていたのでは、脳の深層部分が働き出すことはありません。だからこそ、あえて**難問にチャレンジすることに価値がある**わけです。

考えることの価値は今後ますます高くなる

ある学生の話ですが、その人は大学受験の時、苦手な科目でたくさんの「4肢選択」が並んでいて、解けそうもなかったので、あきらめて寝ていたと言います。しかし、試験監督の人が「あと10分」とアナウンスしたときに目を覚まして、やるだけはやってみようと、すべての問題にでたらめに答えを書いてみました。その結果、なんと合格してしまったのです！　あとで彼の友人の間では、「この大学では比較研究のために、出来の悪い受験生も何人かは入学させているらしい」という噂が広まったくらいでした。

たしかに、いい点をとればうれしいでしょうが、それは「できた」のではなくて、あくまでも「当たった」にすぎません。それによって実力がつくわけでもなく、もう一度試験を受けたら、まず点数は下がることでしょう。問題の意味がよくわかっていなければ、答えが合っていても、間違えても、ただの「運」にすぎません。

しかし、よく考えたうえで、自分の考えに基づいて答えを選んだ場合には、たとえ間違えても、そこから新しい情報を得ることができます。もう一度、似たような問題に出会ったときに、正解になる可能性が高いのです。

つまり、たまたま70点とれたのか、それとも最初から70点を目指していたのか、あるいは100点をとろうと思ったら30点間違えてしまったのか——同じ70点でも、意味が違うわけです。本当はそれを分析しないとプラスは得られないのですが、暗記主義者は「70点とったよ」で終わってしまいます。

選択肢の問題ですと、どうしても「運よく高得点を得た受験生が現れる」リスクがともなうわけなのですが、それを防ぐ対策がないわけでもありません。選択肢が5つくらいあれば、そのなかに1つだけ、明らかにありえない誤答を含めておくのです。正答を10点としたら、ほかの誤答を選んだときには0点、その「ありえない答え」を選んだらマイナス10点にするというわけです。

そうすると、問題を読まずに、鉛筆をころがしてでたらめに選択肢を選んだ人は、正答を選ぶのと同じ確率で、明らかな誤答（マイナス点）を選ぶことになります。そうなると、「結果的に高得点が得られる」確率はけた違いに小さくなります。

なお、「1つ減点になる選択肢がある」ということをあらかじめ断っておけば、懸命に問題文を読むでしょう。減点されることだけは避けたいので、ある程度は意味を考えるようになり、単にでたらめに答えるということはなくなるはずです。

もっとも、テスト理論の専門家によると、そのような断りを明示すると、慎重な性格の人は選べなくなってしまうとのこと。マイナスの選択肢があることは公表しないで、黙って減点したほうがいいという話でした。

いずれにしても、誰もが答えだけを求めている今という時代だからこそ、「なぜ?」「どうして?」ということを考えることに価値があるのではないでしょうか。

「知らない」と「わからない」の違い

予備校の先生から、おもしろい話を聞きました。

昔の生徒は、むずかしい問題を先生がすらすら解いてみせると、「ああ、先生、よくできるねえ」と感心してくれたのだそうです。ところが、最近の生徒はちょっと違っていて、「ああ、先生、よく知ってるね」と感心してくれるというのです。

どうも、最近の生徒は、「先生は答えを暗記しているから解ける」と思っているようなのです。でも、言うまでもなく、先生はその問題の答えを知っているから「すらすら解ける」のではありません。そのタイプの問題の基礎理論がわかっているから、その問題にかぎらず、同種の問題であればどれでも「すらすら解ける」のです。

要するに、「知っている」だけではその問題しか解けません。でも、「わかっている」のであれば、そこから応用してさまざまな問題を解けるようになるわけです。

たとえば、二次方程式「$3x^2-5x+2=0$」の答えを「知っている」だけでは、意味がありません。係数が少しでも変わってしまうと問題が解けないのですから、応用力はほとんどないと言ってよいでしょう。

その点、二次方程式とはどうやって解けばいいのかを「わかっている」のなら、応用力はけた違いに広がります。二次方程式の解の公式を覚えるだけで（覚えることはゼロにはなりませんが）、どんな二次方程式も解けるようになるからです。「二次方程式の解の公式を、導く方法」がわかっていれば、公式を忘れても困りません。

このように、**「知っている」ことと「わかっている」こととでは、応用力はけた違い**だということです。

もう少し考えてみましょう。**「知らない」とは、「事実を知らない」「答えを知らない」というように、〝知識〟をもっているかどうか**という単純な話です。

一方、「わからない」というのには、次のようにいくつかのレベルがあります。

①問題に含まれている言葉の意味がわからない
②問題の意味はわかるが、それにかかわる基礎理論が理解できていない
③問題の意味はわかるし、基礎理論もわかっているが、この問題に当てはめるとどうなるかが、まだ理解できていない

目的が「点数を稼ぐ」ことにあれば、問題を出されたときに「知っている」か「知らない」かのどちらかしかありません。ですから、問題が解けないときは、「わかりません」（事実上、「知りません」に極めて近いのですが）と答えるしかありません。

一方、**目標が「問題を解決する」ことで、しかもその問題が解けないときは、自分が「何がわかっていないのか」の判断がまず大切**です。つまり、①〜③のどの段階にあるかを考えるわけです。その結果に応じて、対策も見えてくるでしょう。たいていの場合、さしあ

たりの「答え」よりも、問題の意味、関係する基礎理論をしっかり理解したほうが、あとで「自分で何ができるか」がまったく違ってくるのです。

このように「しっかり考え、ことがらを理解する」ことは、間違いを生かすためにも重要な鍵になることですので、しっかり心に留めていただきたいと思います。

第4章

「間違い」から何を学ぶか

——どうしたら間違いを生かせるか

「いい間違い」と「悪い間違い」はどこが違うのか

「わかる」ために は間違えることは欠かせません。間違いをしたときに、その内容を分析することで「わかる」ことに近づくからです。だからこそ、若いころに、たくさんの間違いをしておくことは重要です。そうした間違いは、長い目でプラスを生み出すので、「いい間違い」だと言えるでしょう。

つまり、「**いい間違い**」**とは、「反省のしがいのある間違い」であり、「あとの成長につながる間違い**」だと考えてよいでしょう。

もちろん、間違いを成長に結びつけるには、本人がそれを自覚して分析する必要があります。ただ単に、「失敗した！」「間違えた！」と落ち込むだけでは、マイナスの結果しか生まない「悪い間違い」になってしまいます。

間違いを「いい間違い」にするか「悪い間違い」にするかは、間違いそのものよりも、間違えた原因を分析するかどうかに左右されるのです。

こんな例で考えてみてください。小さいころに兄弟げんかや友人とのけんかを何度も経験した人は、相手を泣かしたり、傷つけたりといった小さな間違いを経験することを通じて、どこまでが許されることなのかを身をもって知ります。これ以上やると親や周囲の大人にこっぴどく叱られるという経験を経て、いわば「間違いの経験値」を身につけていきます。これが「成長」というものだと私は思います。

ところが、間違えても叱られずに、甘やかされて育った子はどうなるでしょうか。当然、自分が間違いを犯しているという意識は育ちませんから、「間違いの経験値」は身につきません。間違えたという自覚がないのですから、結局は同じ間違いをくり返すことでしょう。ですから、いつかどこかで、取り返しのつかない大きな間違いを犯してしまう危険が高いのです。

知り合いの子が高校生だったときの話です。友人と二人で、原っぱにバイクが置いてあるのを見つけたのだそうです。近づいてみると鍵がついており、好奇心が強い年頃ですから、鍵を回してみるとエンジンがかかった。そこで面白半分で二人で交替で乗っていたら、友人が乗り回しているときに警官と出会い、あわててバイクを放り出して逃げたのだそうです。

逃げ出したら、怪しまれるのは当然のこと。捕まって交番に連れていかれ、そのときは乗っていなかった子も友人が捕まっている交番に出頭して、あえなく逮捕、親も呼び出されることになりました。

そこで親が驚いたのは、無免許だから道路交通法違反かと思っていたら、窃盗罪の疑いがあるとのこと。所有者のあるバイクを盗んだという容疑なのです。おそらくは誰か別の人間がバイクを盗んで、そこに捨てたのを見つけて乗り回してしまったのでしょうが、「盗んだ」ことの証明以上に、「盗んでいない」ことの証明はむずかしそうです。結局は「お説教のうえ、放免」されたのですが、最後に「またやったら、手錠をかけますよ」と言われたのには、二人とも相当こたえたようでした。

最近では、子どもの間違いを叱る人が少なくなってきました。他人の子でも叱っていた近所のおじさんやおばさんは姿を消し、親であっても子どもを叱ろうとしないケースもあります。その結果、大きくなっても、「善いこと・悪いこと」でなく「好きなこと・嫌いなこと」しか考えない人が増えているような気がしてなりません。

結局のところ、「いい間違い」と「悪い間違い」は、次の点で区別されると言っていいでしょう。

（ア）**他人に大きな迷惑をかける間違いは、悪い間違い**です。

たとえば、ＪＲ西日本の運転手が、電車の遅れを挽回しようとして「急カーブで制限速度を大幅に超過して脱線、大事故を引き起こす」などは、「悪い間違い」の典型です。最初は「小さな間違い」——本人だけの責任ではない「電車の遅れ」を挽回しようとして、「制限速度違反」という大間違いをしてしまったのですが、これについては安全管理体制にも問題があったようです。

自動車の運転免許では、「何年か無事故が続くと、小さな違反の記録を消してくれる」という「安全運転を奨励する」規定もあるのですが、ＪＲにはそれはなく、しかも「小さな間違いでも、積み重なると懲罰的な研修制度が待ち構えている」のだそうで、それが運転手を危険行為に走らせた原因ではなかったでしょうか。ここまでくると「取り返しのつかない」間違いですが、その後の対策は機械・装置だけでなく、指導体制のほうも工夫をしてほしいところです。

（イ）他人に迷惑をかけることがなければ、**間違いのよしあしは、間違いそのものの中身ではなく、あとでどのように対処したか、で決まります。**間違いに気づき、「どうすればよかったか」を考えることができれば、のちの成長につながる間違いなので、それは奨励してもよい「いい間違い」です。しかし、

①間違いに気づかず、当然反省もしない
②間違いに気づいたが、しょっちゅうなので「またやった」と思うだけで、反省しない
③間違いに気づいたし、反省もしたが、心理的に落ち込むだけで、「次はどうすればよいか」具体的な検討はしなかった

これらはいずれの場合も、「悪い間違い」だった、ということになります。こうした「悪い間違い」をくり返さないためにはどうしたらよいのかを、考えていきましょう。

事後処理の手順で「間違い」が大きく変わる

間違いを100パーセント避けることはできません。大切なのは、同じ間違いをくり返さないことです。そのためには、間違いにどう対処するか、すなわち事後処理の手順が非

常に重要になってきます。この事後処理がうまくいけば、間違いをくり返す可能性はグッと低くなってきます。

では、具体的にはどのような手順で事後処理を進めていけばよいのでしょうか。次のフローチャート（図6）にしたがって説明していきましょう。

間違いを起こしてしまったのが、フローチャートではAの時点です。その後、自覚や反省を経て、H～Kの状況に至るわけです。理想は、もちろんH。ここにたどりつけば、同じ失敗をくり返しません。

IとJは道なかばという感じですが、悲観的になることもありません。今後の対応しだいで、同じ失敗をくり返さないようになれます。問題はKです。進歩がゼロで、同じ間違いをまた何度もくり返す恐れがあります。

すでに間違いを犯してしまったら、そのこと自体はもう取り消すことはできません。やるべきことは、その間違いから学び、同じ間違いをくり返さないことです。そのために、どうすればKにならずに済むのかを考える必要があります。

[図6] 間違いのフローチャート

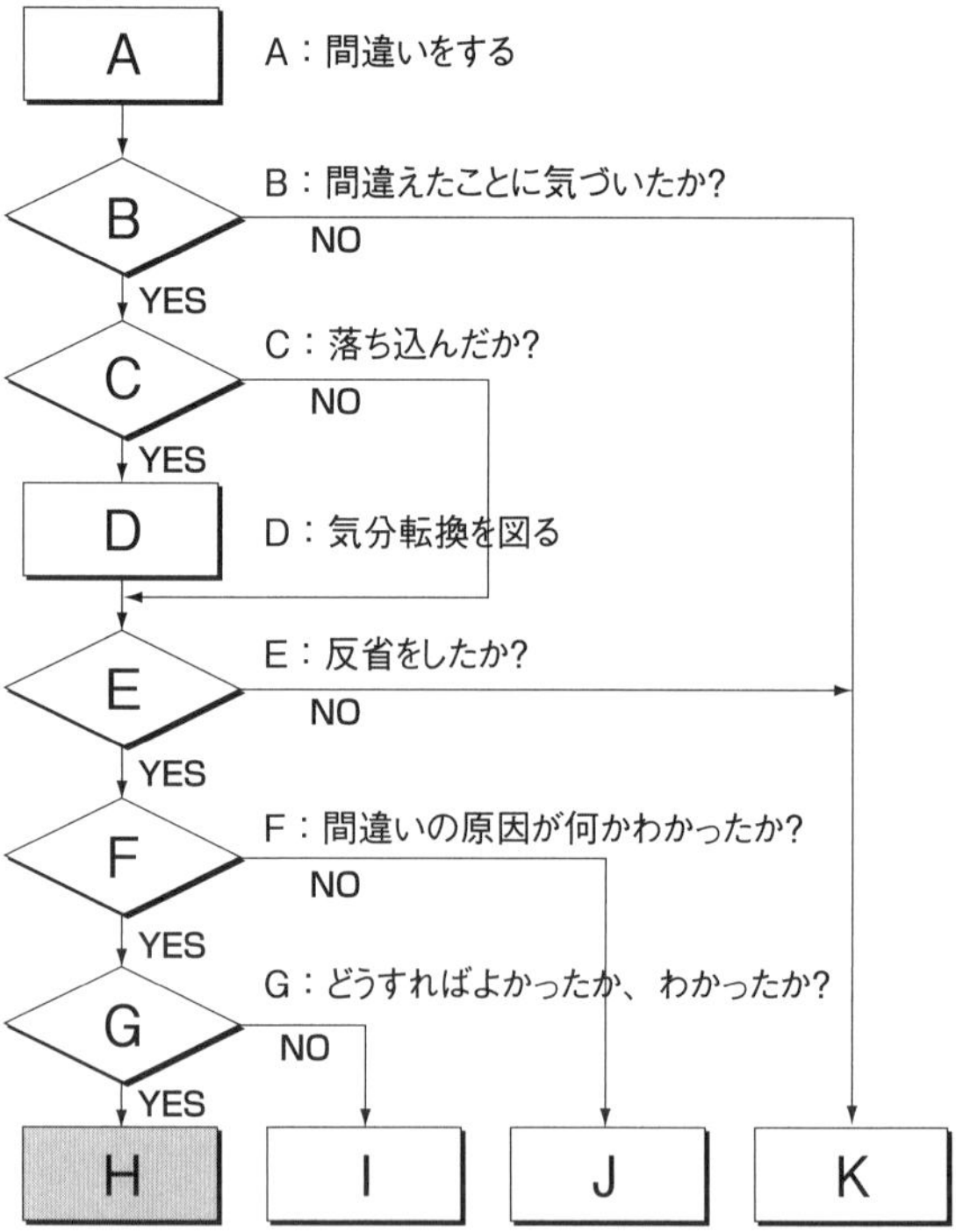

H： 同じ間違いはくり返さない。大進歩!

I： いろいろ考えてみたのなら、最悪の対応は避けられる。
あとは反省を重ねて、最善の対応に近づける。進歩!

J： 原因がわからなくても、考え続ければ進歩の可能性は大。
粘り強く続けましょう。

K： 進歩ゼロ。同じ間違いをくり返すうちに、
「それしかしない」ようになりかねない。最悪!

落ち込むことと反省は違う

間違えたときに、その間違いに気づくかどうかが第一段階です。図のBにあたる段階です。

意外と、ここで気づかずに終わってしまう人がいます。たとえば、周囲の人がその間違いをうまくカバーしたことで、間違いが表面化しなかった場合です。本人は間違いをしたという自覚がないのですから、再び同じ間違いを犯す可能性が高いといってよいでしょう。

第2章でとりあげた思考のタイプでは、「お殿さま型」にありがちな傾向です。ただし、組織のなかで仕事をしていくには、それは通用しないでしょう。そのままでは、フローチャートのBからKへ一直線です。再び間違いを犯して、周囲の人も疲れてカバーしきれなくなる可能性大です。

上司やトレーナーがついている場合には、その社員を呼びつけ、事実を伝えて叱る必要があります。それによって、BからCへの道をたどるようにするわけです。

さて、間違いを起こしてしまったときに、落ち込む人が多いでしょう。これがCの段階です。叱られ慣れていない人は、上司に叱られてひどく気が滅入ることもあるでしょう。気が優しい人や気の弱い人なら、叱られなくても落ち込むかもしれません。

そんなときは、まず第一に**気分転換を図る**ことです。映画や音楽に触れたり、買い物をしたりというのもいいでしょう。甘いものを食べて気分を落ちつけたり、ちょっと散歩をしてみたりと、それなりの対応をとればそれで済むことです。長い人生、そうしたことはいくらでも起こりますから、自分なりの気分転換の方法をいくつか用意しておくといいと思います。

落ち込むこと自体は、人間としてしかたのない面もあります。しかし、反省することなく、ただ落ち込んでいるだけでは、間違いに気づかないのと変わりありません。

重要なのは、「**落ち込む**」**ことと**「**反省する**」**ことは違う**、ということです。とくに、若くて打たれ弱い人は、この2つを混同しがちですので注意しなくてはなりません。落ち込むことで、反省しているように見せたいのかもしれませんが、もう「見かけだけだな」と見破られることもありますし、そもそもなんの解決にもなりません。

「**落ち込む**」**というのは単なる感情の起伏**です。それに対して、「**反省する**」**のは理性的な行動**です。反省の具体的な方法についてはこのあとで考えていきますが、「どこが間違いだったのか、どうすれば再発を防ぐことができるのか」を理性的・論理的に考えるのが「反省」なのです。

そのあたりを表したのが、フローチャートのC〜Eです。落ち込むことは悪いことかもしれないのですが、重要なことは、そのあとにいかに冷静になって自分を見つめて立ち直るかです。

反省に至らない4つのケース

間違いをしても、反省に至らないのが一番よくないパターンです。それには、主に次の4つのケースがあると思います。

①間違いそのものに気づかない
②間違えたことで落ち込んでしまって、それっきりになる
③間違えたことは理解しているが、楽天的すぎて反省がない
④間違えたことは理解しているが、周囲や世の中が悪いとして片づける

①についてはすでに書きましたので、まず②のケースを考えてみましょう。
欧米人にくらべると、日本人は間違えたり失敗したときに、落ち込みが激しいような気がします。

その原因は、学校の先生にあるのかもしれません。今はどうかわかりませんが、かつては「わからないやつは頭が悪い」という言い方をする先生が多く、生徒の側からすると「**間違える→叱られる→自分はダメな人間だ**」**という思考回路が出来上がってしまうので、間違えるだけで落ち込むことになる**のです。

本来ならば、**仕事上の失敗や勉強での間違いは、人格とはあまり関係がないはず**です。しかし、それを結びつけて、間違えた人間を人格的に否定するやり方が、かつての軍隊から引き継いで、現代でも教育界やスポーツ界の一部に残っているような気がします。

ところで、上司が部下の面倒をみるときにも、もちろんフローチャートのKのような社員ではなくて、H、I、Jの社員をつくることが大切です。となると、CやEのところでガミガミ言って落ち込ませたらダメだということです。このフローチャートは、上司の心構えとしても、頭に入れておくとよいでしょう。自分がKになってはいけないのはもちろん、部下もまたKにしてはいけないということです。

次に、③のケースを考えてみます。日本人には比較的少ないかもしれませんが、若い人の中には、こういう考え方の人をときどき見かけます。人生経験が少ないだけに、自分の間違いがどれだけ大変かということが理解できていないのかもしれません。

私が思うに、楽天的すぎて反省がないよりは、少しぐらい落ち込むほうがましな気がします。そのほうが反省する方向に向かう可能性が大きいからです。楽天的なのはけっして悪くありませんが、それも程度問題です。「なるようになるさ」と言って、失敗してもめげないどころか、まるでなかったことのように無視するようでは、必ず同じ間違い、もっと大きな間違いをくり返すことでしょう。

最後の④ですが、自分の責任を棚に上げて他人のせいにしたり、「社会が悪い」「政治が悪い」などと責任転嫁をする人をよく見かけます。これは、反省や再発防止の大きな障害になります。少なくとも**間違いの原因がわかり、その対策が講じられるまでは、責任転嫁は絶対にしてはいけません**。このことについては、このあとでさらに考えていくことにします。

反省の邪魔をする3つの要素

間違いが起きたときに、**真摯な反省を妨げるものが3つ**あります。それは、「**犯人探し・責任のなすり合い**」「**成功体験**」「**プライド**」です。

第一の要因である「**犯人探し・責任のなすり合い**」は、間違いが自分の責任でないことを示すために、どうしてもやりたくなってしまうものです。しかし、これによって**反省がうやむやになり、間違いを再び起こす恐れを高めてしまいます。**

1995年1月に起きた阪神・淡路大震災では、自衛隊の初動が遅かったということが問題になりました。その点については自衛隊にも言い分があって、自治体から正式な連絡がこなければ、法律上、動くことができないというのです。一方、自衛隊に連絡する立場だった神戸市では、市役所自体が地震でやられてしまって、連絡のとりようがなかったと言っていました。

お互いにこうした言い分があって、「うちは悪くない。そちらの責任だ」とばかりに、当初は責任のなすり合いになってしまったのです。こうした責任のなすり合いをしていたら、よい対策はいつまでたってもできません。万一、その間に大きな余震がきたら、どうなっていたことでしょうか。

じつは、それに先立つ1994年1月、アメリカ西部で起きたロサンゼルス地震（ノースリッジ地震）でも、似たようなことがありました。しかし、このときは軍と自治体の間で犯人探し・責任のなすり合いは行われませんでした。

とにかく連絡が遅れたのは問題だという認識のもと、同じような事態が起きたときに備えて、円滑な連絡をとるための打ち合わせを災害の直後に行っているのです。その結果、市長が動けなければ、副市長が代理として判断を下して要請をする。そして、緊急時には代理の要請であっても、アメリカ軍はそれを正式の要請として、素早く対応することになりました。

災害の衝撃が冷めやらぬうちに、そうした実務的な話し合いをしたという点で、日本との差は大きいと感じたものです。

これこそが、あるべき反省の姿だと私は思います。つまり、**感情的になって「誰が悪いか」を探すのではなく、理性的に「何がいけなかったか、どうすればいいのか」を考える**わけです。これができるかできないかが、同じ間違いを起こさないための大きなポイントでしょう。

第二の要素である「**成功体験**」がどう反省を妨げるのか、これについては、私たちはつい最近もそのいい例を目にしています。日本の家電業界です。

西暦2000年ごろまで、家電といえば日本の独壇場でした。技術力を背景にして、世界の市場を席巻していたのですが、それが2000年を境にだんだんと怪しくなってきました。新興国の経済成長が盛んになってくると、台湾、韓国、中国の製品が急激に伸びてきて日本製品を駆逐してしまったのです。

新興国市場で売れるのは、低価格でほどほどに動く製品でした。ところが、日本の家電業界は、価格は高くても技術的に優れた製品で成功してきたために、低価格路線に踏み切れませんでした。結果的に、その成功体験が邪魔をして方針転換ができなかったわけです。

こうした例は、日本にかぎらず、古今東西、至るところで起きてきました。

また、第1章で紹介したように、第二次大戦で日本が無謀にもアメリカに戦いを挑んだのも、日露戦争でロシアという大国に〝勝った〟という成功体験が1つの要因になりました。さらに歴史をたどれば、13世紀の元寇の際に、神風が吹いて日本が〝勝った〟という成功体験も災いしたと言えるでしょう。

元軍相手の戦闘では〝勝った〟とも言えませんし、日本海海戦はたしかに圧勝でしたが、地上戦ではモスクワから見れば「はるか彼方の局地戦で負けた」だけで、どちらも、内容を冷静に分析していれば、あまり〝勝った〟とは言えないことが理解できたはずです。そもそもアメリカとの戦争にも「勝てる！」などと考えるのは、正気の沙汰とは思えません。

3つ目の要素、「プライド」もまた、反省の邪魔をする大きな要因の1つです。**プライドが高いと、間違いを指摘する人の意見を素直に聞くことができません**。相手との関係にもよるのですが、そこで落ち込んでしまって、冷静な反省に向かわないという恐れがあります。

そもそも、自分の間違いに対して指摘やアドバイスをしてくれるというのは、非常にありがたい行為です。間違いをしないための工夫として、そうした相談相手やチェックする人は欠かせません。おそらく、相手も喜んで言っているのではないでしょう。憎まれることを承知で苦言を呈するわけです。

ですから、まずは指摘してくれること自体をありがたいと思うべきでしょう。もちろん、偉そうに言われたら腹が立つかもしれませんが、そこは冷静になる必要があります。人によっては、人格に触れるような言い方をするかもしれませんが、そこは聞き流す度量がほしいものです。感情的になって「意地でも間違いを認めるか」となると、結局は相手のアドバイスを受け入れることなく、同じ間違いをくり返す可能性もあります。

先日、ある友人が子どもたちに対して、こんなことを言っていました。

「頭はいくら下げてもタダなんだ。なにか言われたら、ああそうですかと頭だけは下げておけ。腹が立ったら、頭を下げて舌を出していればいい。そうすれば相手からは見えないから……」

これは極端な例かもしれませんし、マイナスもありそうですが、これならプライドが邪魔をすることなく、打たれ強い人間に育つことでしょう。つまらないプライドなんて、人間が生きていくうえで、たいした得にはなりません。そのことは知っておいて損はありません。少なくともその友人は、立派な大人にしっかり育っていました！

公平に見る目を養うためには——ディベートは役に立たない

間違いを反省しているときに、「勝ち負け」を議論するのも意味がありません。

たとえば、組織全体で間違いの原因を探っているときに、「うちのやり方は正しかった」

「お前の部署が間違いの原因だった」と争っていたら、それは結局、責任の押しつけ合いになるでしょう。建設的な意見が出てこないのですから、議論するだけ時間のムダということになります。

そこで思い出すのが、2000年代なかばごろに流行った「ディベート」です。1つのテーマについて、二手に分かれて議論して、その優劣を問うというもの。ひところはテレビ番組にもなって評判となり、今でも企業内の研修の手段として使われているようです。

私は当時から、ディベートというやり方に疑問をもっていたところ、ある情報関係の会社で新入社員教育を担当している人が、「ディベートはダメだ、役に立たない」とある雑誌に書いていたのを見つけて感心しました。

その人は新入社員教育の一環として、いくつかのグループにあるプロジェクトの提案書を作成させているのですが、提出された第一次案を検討する時、「AとBではどっちがいいか」という勝ち負けを考えることにはまったく意味がない、というのです。趣旨をまとめると、こんな内容でした(槙島和紀「企業の教育現場からの報告:頭がいいのに「わかる」ことができない新卒たち」情報処理2011年3月号)。

〈どんなひどい提案書にもなんらかの取り柄があり、どんなに説得力のある提案書でも、なんらかの欠点があるものだ。だから、全体としての優劣をつけるのではなくて、どの提案書のどこの部分がいいか、どこの部分が悪いかをつめて、よいところを組み合わせ、悪いところを削り、最高の案をつくるように指導している。〉

これは、いいトレーニングだと思います。それぞれ違った意見のなかから、いい面と悪い面をみんなが公平に見る目を身につけていけば、意見のなかのプラスが重なっていき、1＋1が2ではなくて、3にも5にもなっていくということでしょう。ディベートで、ただ相手をつぶすだけでは、1＋1が2になるどころか、せいぜい1しか残りません。

最近は、一時のディベート熱とでもいえる現象は収まってきましたが、それでも議論で勝ち負けをつけたがる人が少なくないようです。

たとえば、ある健康法が評判になると、それを100パーセント信奉する人が出てきて、「自分たちのやり方こそが最高であって、ほかの健康法はまったく意味がない」という言い方をする。すると、やがてそれに対する反論が沸き起こって、「その健康法は百害あって一利ない」という言い方で100パーセント否定をします。

こうして勝ち負けを争っている状況が、健康法にかぎらず、あらゆる分野においてネットで日夜繰り広げられています。

でも、ほんとうの正解は、たいていの場合、その中間にあるものです。ですから、いい点を選んで取り入れて、そうでないものは取り入れなければいいだけの話なのです。そこを無理やり勝負をつけようとするから、話がおかしくなってくるのではないでしょうか。

相手を倒そうとするのではなく、相手を理解しようとすれば、もっといい分析ができて、いいプランがつくれるはずです。これは国際関係でも言えることなのですが、最近は「他虐史観」とでも言えそうな「他国を軽蔑する」論説が、あちこちの国で広められているのは残念なことですし、うっかりすると日本もその流れに飲み込まれそうなのは、実に恐ろしいことです。

考えつくしたなら放っておいてもいい

理性的な反省をしたからといって、すぐに原因がわかるとはかぎりません。しかし、考えるのをそこでやめてしまえば、それっきりです。でも、考えていけば、いつかは答えが出てくる可能性はあります。

いや、はっきりとした答えが出なくてもいいのです。重要なのは、考え続けることです。たとえ原因がわからなかったとしても、粘り強く考えていけば、似たような状況に直面したときに、前と違うやり方で対処してみようという考えが浮かぶでしょう。それでまた間違えてしまっても、「この方法でもダメだ」というデータが増えるのですから、1つ進歩するわけです。

少なくとも3回目ぐらいまでは、間違えてもそのたびにいろいろな情報が増えていくはずですから、自分なりに考えていれば、いい対応を思いつく可能性も大きくなると思います。

でも、なにも考えなければ、何回間違えても同じことをくり返すだけで進歩がありません。進歩ゼロが恐ろしいのは、単に同じ間違いを犯すだけでなく、間違いをくり返していくうちに、そのパターンにはまってしまうという点です。考えないで行動するのですから、悪い対応を反射的にくり返してしまうのです。

仕事で同じ間違いをくり返す人というのは、そうしたパターンが多いのだと思います。たとえば、しょっちゅう伝票を書き間違える人、宛先を間違えてメールを送ることの多い人というのは、頭が働く間もなく、手がそう動いてしまうのではないでしょうか。

ですから、考えることこそが、間違いを減らすための最大の方法だと私は思います。もちろん、考えてもすぐに結論が出ないかもしれませんが、最終的には考えるのと考えないのとでは、雲泥の差になるはずです。

ただし、自分の力が及ばないことや取り返しのつかないことに対しては、いつまでも考えていてもしかたありません。それは放っておいたほうがいいでしょう。

たとえば、自分が企画して進めていた仕事が、取引先の倒産で続けられなくなったとか、競争相手がよく似た企画を進めていることがわかって、修正せざるを得なくなったというような場合です。そういう場合には、自分の力で処理できることではありませんから、あきらめるのも方法の1つです。

第3章では、「ひたすら考え続けて、無意識の世界を司る脳の深層部分まで使うことが大切だ」と書きましたが、考えつくしたうえで考えるのをやめるのであれば、もしかすると脳の深層部分で、ある日ひらめきが起きる可能性もあります。最初からそれを期待することはできませんが、そんなこともあると知っておくのは悪いことではありません。

「プラスの反省」が再発防止に役立つ

対策を考えるうえで、「書くこと」は非常に重要なポイントであるということは、前にも述べました。なぜなら、具体的な言葉にして書き留めることで、間違いに向き合えるからです。

知り合いの息子さんに受験生がいて、彼は復習として「間違いノート」をつくっていると言います。数学でも英語でも、解けなかった問題だけを書き出してノートをつくっているわけです。これが、まさに「間違いに向き合う」ことであり、わかるための重要な要素だと私は思っています。

また、初歩的な間違いというのは、たいていうろ覚えで行動したことが原因です。機械の操作にしても、仕事の進行にしても、「慣れてきたな」というあたりで、よく間違いを起こすものです。ですから、どんなにばかばかしいことでも、文字に書き出すことで、間違いの再発防止につながります。それも、ただ書くだけでなく、つねに改善を考えていくことも大切です。

ただし、誰しも間違いはうれしくはないのですが、そこで間違いに目を背けてしまっては、同じ間違いをくり返すだけです。むしろ、間違いは進歩するチャンスだと認識することが重要なのです。

逆説的な言い方ですが、テストで100点をとった人は、もうそれ以上進歩することができません。しかし、80点だった人は、20点の間違いに向き合うことで、その分だけ進歩できるのです。

間違いを放っておいては、進歩はありません。それよりも、間違いに向き合い、その原因をしっかり把握することが、間違いを克服することにつながるのです。

社会人ならば、手帳に「間違いメモ」を書き留めるというのもいいかもしれません。その際は、メモ程度でよいので、時間をおかずに書くということが大事です。時間をおいてしまうと、そのときに感じた印象が変わってしまったり、大事なポイントを忘れてしまうかもしれないからです。

たとえば、打ち合わせ時間を1時間間違えたとしたら、まずは、その原因を冷静に反省して簡単に書き留めます。そして、少し時間がたってから、内容を整理して改善方法を自分なりに考えるのです。

ここで重要なのは、**反省の内容はマイナスの言葉ではなく、プラスの方向に書く**ことです。えてして反省というと、「○○はしないこと」と書いてしまいがちですが、それではあまり学習になりません。「遅刻をしないこと」というだけでは、ただ状況を書いているだけにすぎません。大切なのは、「どうすれば時間を間違えないで済んだのか」を考えることです。

たとえば、次のようにするとよいでしょう。直後のメモとしては、「打ち合わせの時間を1時間間違えた。きのうまでは覚えていたのだが、午前中に急の仕事が入って混乱してしまった」という感じです。

それをもとにした改善方法としては、次のようにまとめます。

①これまでは朝一番でその日のスケジュールを確認していたが、今後は午後一番にもスケジュールを確認する

②手帳に間違えて記入した可能性もあるので、手帳だけでなくスケジュールが記された過去のメールも同時に確認する

③スケジュールが示された重要なメールには、一目でわかるように目印をつけておく(フ

ラグを設定する）

こうした対策を考えることで、間違いの再発はかなり防げるはずです。もし、それでも間違いが起きたら、またそのときに反省して改善方法を考えることが大切です。

視点を変えることで盲点を減らしていく

間違いの原因がわかったら、次に「どうすればよかったか」「今度同じようなことが起きたらどうするか」を考える必要があります。しかし、この答えがなかなか出てこないことがあります。原因がわかっても必ずしも効果的な対策が見つからないことが多いのです。

そんなとき、私が思い浮かべるのは詰将棋です。私は詰将棋が好きで、三手詰めや五手詰めくらいなら、新聞に載っているものならだいたい解けるのですが、それ以上になると真剣に考えてもなかなか答えにたどりつきません。

よくご存じでない方に説明すると、三手詰めというのは、盤面に記された状態からこちらが一手目を指し、それに相手が応じるのが二手目。そして、次のこちらの三手目で相手

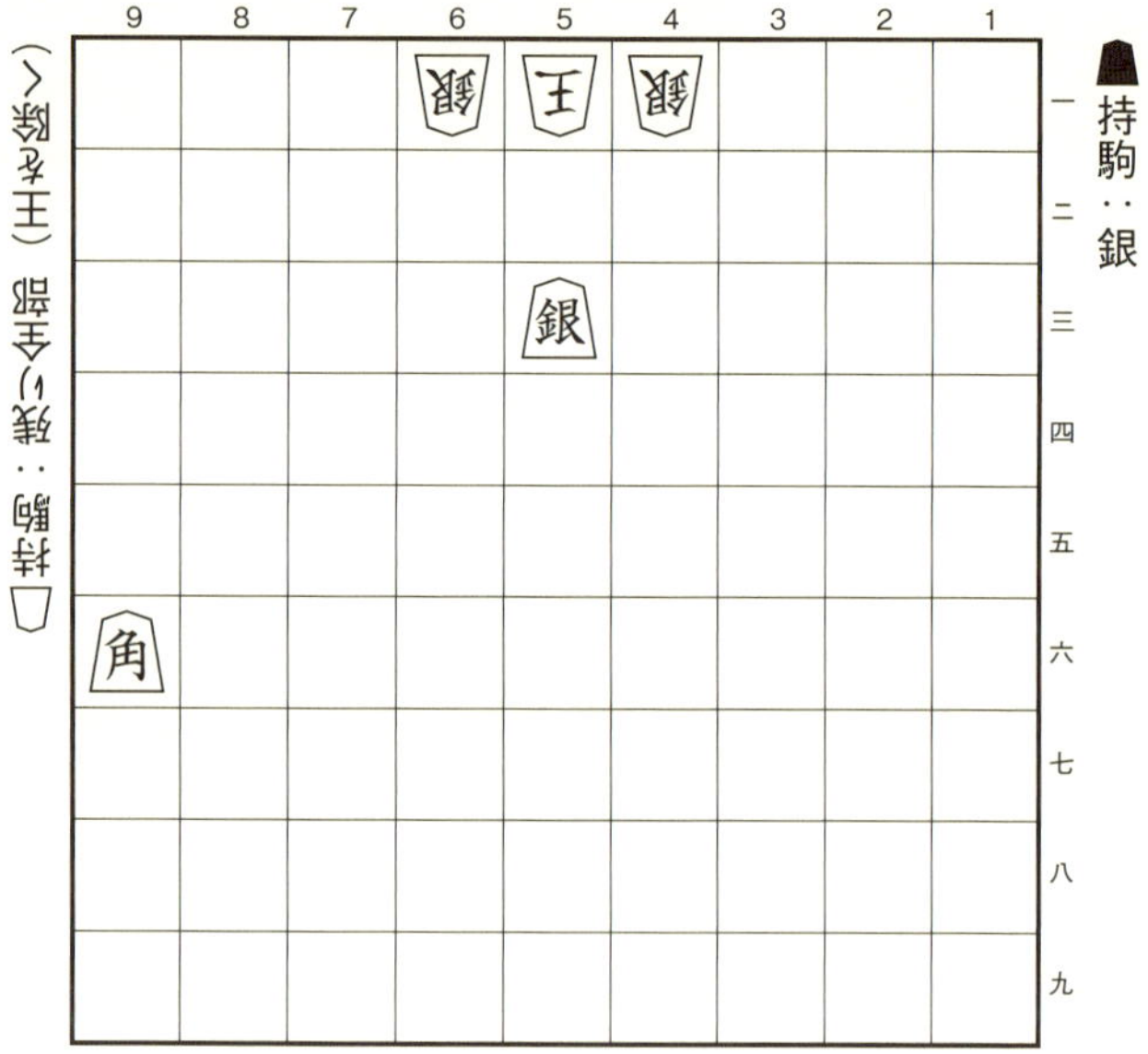

［図 7］古典詰将棋（3 手詰め）

【解説】第 1 手は☗5 二角成と、あいている敵王の頭に成って捨てるのが、気がつきにくい妙手。銀で取るしかないが、王の右（6 一）の銀で取れば 6 二銀打、王の左（4 一）の銀で取れば 4 二銀打で詰む。それ以外の手（4 一角成や 5 二銀打）では、どうしても詰まない。

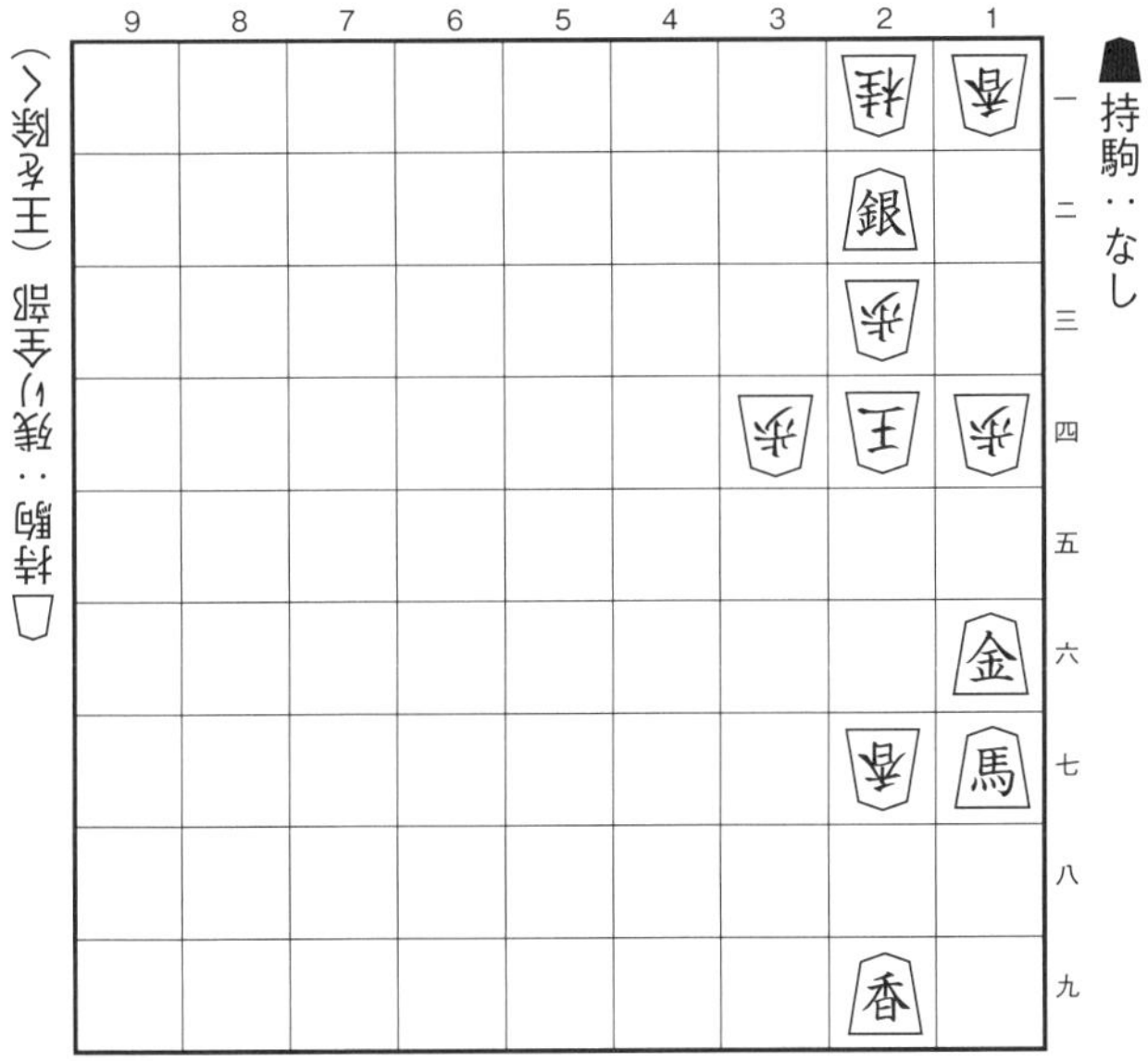

[図 8] 詰まない詰将棋

【解説】 簡単に詰みそうに見えるが、駒をひとつ（わざと）省いているため、詰まない。第 1 手は 2 七香しかない（香が持駒になる）。次に、王方（守る側）が（ア）2 五に合駒をすれば、同金で詰む。(イ) 2 六に歩で合駒をすれば、☗2 五金が妙手で、☖同玉、☗2 六馬以下で詰む。(ウ) 2 六金と合駒をしたときは、☗2 五金、☖同金、☗同香、☖同玉、☗2 六金打、☖2 四玉、☗2 五香打で詰む。ところが、(エ) 2 六飛と飛車で合駒をされると、どうしても詰まない。なお、4 五に玉方の歩を追加すると、飛車合でも詰む（あともむずかしい、23 手詰め）。

の王将が詰むというものです（図7参照）。簡単そうに聞こえますが、よくできた詰将棋というのは、盤面の駒の数も手持ちの駒も限られていて、簡単に詰みそうに見えるのに、なかなか詰みません。

詰将棋好きの私も、七手詰め以上になると、どうしても解けないことがあります。盤面はシンプルなのに、いくつも落とし穴があるのです。自分では100パーセント詰めたつもりでいるのに、相手に思いがけない逃げ道が用意されていて、間違いだったということもよくあります（図8参照）。

自分では、ありとあらゆる可能性をすべてチェックしたつもりなのに、答えが出ない。そこでやむなく解答を見ると、「その手だけは考えなかった！」という妙手が示されているのです。

つまり、すべての可能性を考えたつもりなのに、そこから漏れている手があるのです。

大名人である大山康晴さんは、簡単な、しかし「素人盲点」をつく問題をつくるのがとても上手でした。

そんな詰将棋を考えているときの私は、第2章で紹介した「猫のお化粧型」にぴったり当てはまります。猫のお化粧型というのは、狭い範囲ばかりを見ているので、盲点になる部分がたくさんあるのです。

これは、詰将棋にかぎらず、日常生活でもありがちだと思います。小さなループに陥ってしまうと、瑣末なことにばかり目がいって、本当に肝心なところをつい見逃してしまいます。逆に、大局ばかりに気を取られて、小さな部分に重要な点があったことに気がつかないということもあるでしょう。

間違いの対策を考えるときには、猫のお化粧型を克服する場合と同様に、**自分にしみついた視点をどこかで切り換える必要がある**のだと思います。それは、単なる間違いの対策にとどまらず、人間の生き方につながる重要なことを示唆している気がします。

私がある女子大学で教えていたときのことです。会社の課長クラスだった人が教員として入ってきました。その人は、「問題解決能力」が大事だと盛んに言うのです。そうした力を学生にもつけさせなくてはならない、だから教科書に書かれた基礎的な問題だけではなくて、企業の現場近くで発生するような具体的な問題を出すことを主張しておられました。

大学の教員は、企業で仕事をした経験のある人はそれほど多くはないので、そうした話を新鮮な気持ちで聞いていたものです。

そのあとで、ある大手電子機器メーカーから部長クラスの人を教員に招きました。ところが、その人は「問題解決能力なんて小さなことだ（外注してもよい）。それよりも、何が問題なのかを見極めて、優先順位をつけることが大事だ」と言うのです。

つまり、問題というのはたくさんあるけれども、とりあえず解決すべき最重要な課題はどれか、その次に解くべきなのはどれか、そして後回しにしてもいいのはどれかというように、優先順位をつける力が重要だ、と言っておられました。

私はそれを聞いて、「なるほど」と納得しました。そこが課長と部長の差なのでしょう。課長の立場では1つ1つの問題を解決する能力が必要とされ、部長の立場になれば大局を眺め渡す能力が必要とされるのです。

どちらがいい悪いということではなく、立場の違いで観点が違うということなのです。おそらく、この部長さんも課長時代には、問題解決に努力していたことでしょう。しかし、部長や重役、社長になっても同じことをしていたら組織は成り立ちません。部長となって大局を眺め渡す立場となって、これまで見えていなかったものが見えてきたのだと思います。

ただ惜しいことに、この「問題の優先順位を考える」力を育てるのは、大学教育の中ではきわめてむずかしいのですね。私も「重要性」はよくわかったのですが、どう教えればいいのかは、よくわかりませんでした。

ものごとを俯瞰して見ることの大切さ

「視点を変える」ということについて、ちょっとおもしろい話があります。

よくある小学生の問題で、立体的な図形のパターン認識という分野があります。たとえば、

（ア）真上から見た図、真横から見た平面図、真正面から見た図を見せて、この本当の図形（立体図）はどれかを問う

（イ）２つの違った角度から見た物体の図を示し、それらが同一の物体（回転すれば重なる）か、違う物体であるかを判定させる

（ウ）立体図形をある平面で切ったとき、その切り口の形を問う

などなどのタイプがありますが、ここでは（ウ）の問題の例を挙げておきましょう（図9）。

こうした問題については、どういうわけか男の子のほうが成績がいいそうです。しかも、どこの国でやってもそういう傾向が出ると言います。また、男の子の中では知能指数と関係が高いとのことで、人間が立体図形を頭の中で組み立てる能力というのは、一般的な知能と関係があるようなのです。

知能うんぬんはさておき、なぜ男の子がこういう問題に強いのかというと、男の子は木登りをして上から下のものを見下ろすという経験があるからじゃないかという説がありま す。しかしこの頃の男の子は木登りなどしなくなってきました。そして、その結果かどうかわかりませんが、最近の人たちは「全体を俯瞰する」能力が落ちてきているような気がします。企業のトップにしても政治家にしても、大局を見渡すことが苦手のように見えるのです。

ここでさきほどの話につながるのですが、地位が上がれば、仕事の内容も当然変わってくるはずなのに、いつまでも平社員や課長の気分でいる人が多いのではないでしょうか。

地位が低いうちは、それこそ目の前の問題解決をはじめとした実務の能力が問われるのですが、地位が上がれば、大局を見ながら仕事の優先順位を判断する能力が問われるはず

(問 1)

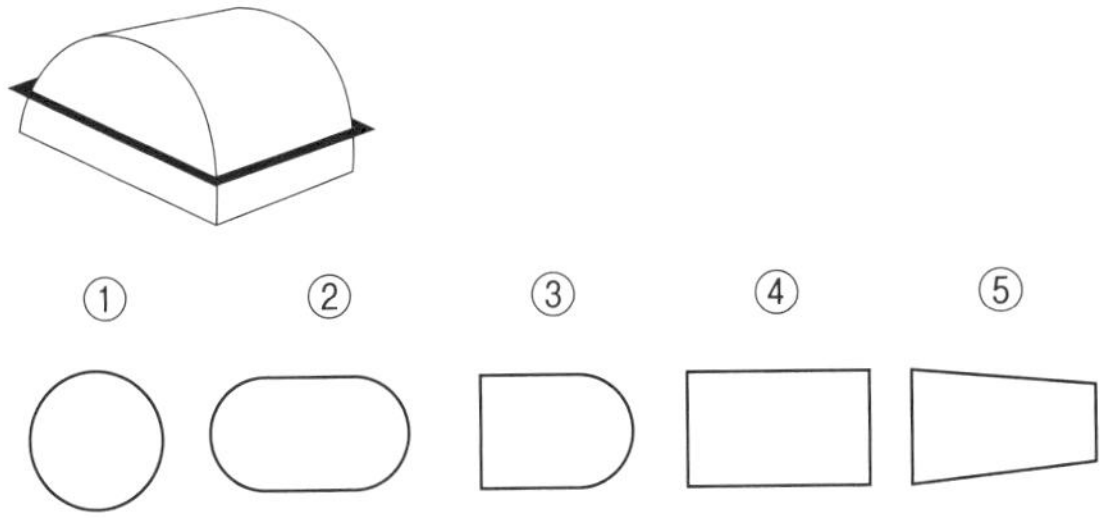

(問 2)

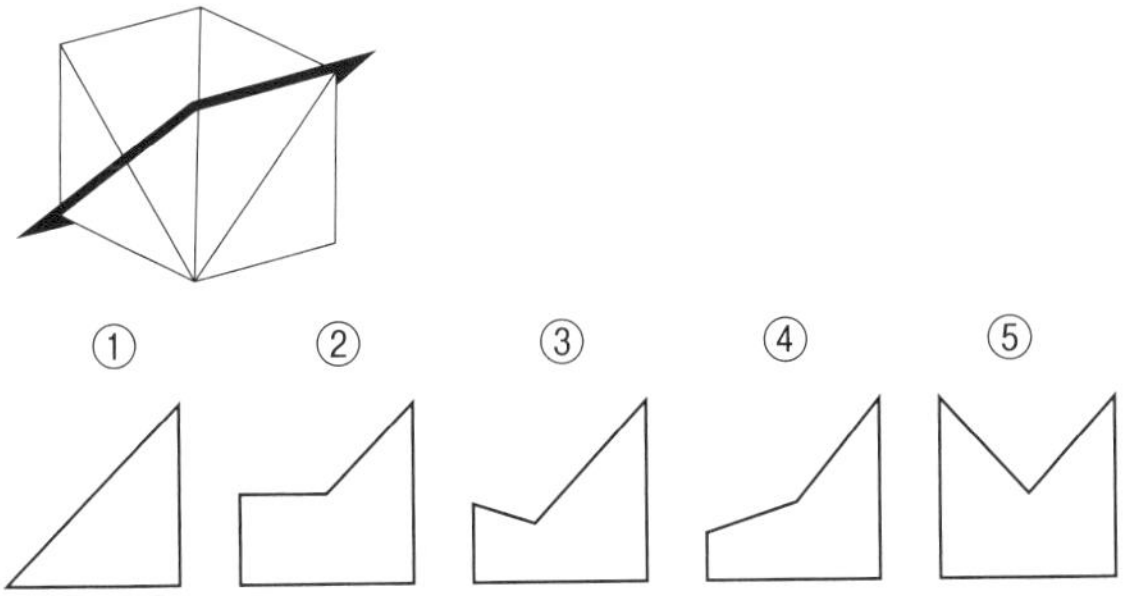

[図 9] 立体確認の問題

立体図形を太線枠で示す平面で切ったとき、その切り口はどんな形になるか？　次の選択肢の中から 1 つを選びなさい。

です。

ところが、実際には大企業のトップになっても現場の細かい作業に口出しをしたり、政党の幹部になっても地元のことばかりが気になる人が多いことが問題なのです。地位が上がっても、職人気質や初心を捨てないのはいいのですが、ものを見る観点も昔のままでは困ります。

第1章で紹介したような自動車会社の失敗も、そうしたことが原因で起きたのでしょう。社長ならば、高級車をつくる路線でいくか、それともちょっと目標を下げて大衆車に力を入れるかを判断することが重要です。それは社長が間違えてはいけない仕事です。

ところが、その社長は現場にこだわりすぎてしまったのでしょう。これだけがんばっていい車をつくってきたのだから、売れるに違いないと勘違いをしてしまったのだと思います。そこにこだわってしまったために、現在の社会状況や経済状況がどうなっているのか、高級車がはたして受け入れられるのだろうかという、大局から俯瞰してものを見ることを怠ってしまったのでしょう。それが大きな間違いの要因であったことは、容易に想像することができます。

このように、「視点を変えること」や「ものごとを俯瞰して見ること」は、現状を正しく理解して、間違いの本質を見極めるのに大いに役立つことでしょう。そして、「同じ間違いをくり返さない」だけでなく、間違いによってきっと成長することができるはずです。

（169ページの答え　問1　正解④、問2　正解②）

おわりに

私は東大理学部で純粋数学を専攻し、修士を出てから電電公社（現ＮＴＴ）の研究所に入って、情報科学に転向しました。その後、縁あって東大に教員として舞い戻り、さらにあちこちの大学を転々としました。現在は、常勤の職からは離れましたが、「数学教育協議会」という民間教育団体とのご縁は続いていて、時々熱心な小学校の先生方の研究会に顔を出して、元気を分けてもらっています。

私は昔からそそっかしくて、物忘れが多いほうです。傘をどこかに置き忘れるなどというのはしょっちゅうで、大事な約束の日を忘れて、あとで恥ずかしい思いをしたことも何回もあります。

しかし、「集中的に、深く考える」研究者には、そそっかしい失敗談が多いものです。かのニュートンも食べる時間も惜しんで研究にいそしんでいたとき、ゆで卵をつくるつもりでお湯を沸かし、時計を片手にゆでていて、ふと時計を見ようとしたら、卵を握っていた、という逸話があります（時計をゆでてしまった！）。また、「傘を忘れるくらいでないと、プロの将棋指しにはなれない」という説もあるくらいです。

ともかく、そそっかしい「間違い」については、実に経験豊富ではあるのですが、これまで「間違いの本質と対策」についてじっくりと考えたことがありませんでした。ですから「間違い」についての本の執筆を依頼されたときには、「あなたより、もっと間違いが多い人間がいますよ」という話ならいくらでも書けるけれども、「こうすれば間違いをなくせる！」という本を書くのは、私には無理ではないかな、と少々悩みました。

しかし、改めて自分がこれまでくり返してきた「間違い」を考えているうちに、いくつかのことに気づきました。

まず、間違いは誰にでもあるけれども、落ち込むだけで反省しないとか、落ち込むのを避けるために「自分勝手な言い訳をでっちあげる」というのは、まわりの迷惑を大きくするだけだということ。そして、大事なのは「間違いから学ぶ」こと。これは、〝間違いが非常に少ない〟友人夫妻から教えられたことでした。

あるとき、そのご夫婦に「きみたちは、しっかりしているね」と言ったら、奥様がただちに「そんなことはない！」と反論をされたのです。どうやら、5年に3回程度の間違いをするたびに大きなショックを受けているのだそうです。毎日3回も間違いをくり返していて、いわば「間違い慣れ」をしている私よりも、ずっと、しっかり反省をしているのでしょうね。それで、私などとはますます差がついてしまうわけです。

というわけで、私なりにこれまでの経験からいろいろ考えて、参考になりそうなことをまとめてみました。その1つのポイントは、「覚えるのはダメ」、「よく考えて、原則を理解することが大事」ということなので、その点も頭に置いてお読みいただければうれしいかぎりです。

もちろん、この本を読んだからといって、すぐに「間違いをしない、りっぱな人間」になれるわけではありませんが、読者のみなさんが、本書の趣旨を好意的に読み取って上手に活用し、間違いから学び、同じ間違いを減らす方向に少しでも進んでいただければ幸いです。

最後になりますが、本書の企画は加藤洋さんのアイデアから始まり、執筆の段階では二村高史さんの特別なご協力をいただき、またブックマン社編集部の金貞姫さんには企画から出版まで、たいへんお世話になりました。二村さん、金さんのお二人に深い感謝の意を表明いたします。

2014年6月

野崎昭弘

人はなぜ、同じ間違いをくり返すのか

数学者が教える「間違い」を生かすヒント

2014年7月8日　初版第1刷発行

著者　野崎昭弘

カバーデザイン　川島進（スタジオ・ギブ）
イラスト　赤江橋洋子
出版協力　加藤洋
構成　二村高史
編集　金貞姫

発行者　木谷仁哉
発行所　株式会社ブックマン社
〒101-0065　千代田区西神田3-3-5
TEL 03-3237-7777　FAX 03-5226-9599
http://www.bookman.co.jp

ISBN978-4-89308-822-2
印刷・製本　図書印刷株式会社